中国男孩心理成长枕边书

沧浪◎编著

通往真正男子汉之路的密码

BOY

中国妇女出版社

序言

对于现在的中国家庭来说，每家大多只有一个孩子，家长没有带孩子的经验，身边也很难有可供效仿或者借鉴的范例。但每一个男孩都是独一无二的，家庭背景不同、成长环境不同、所具禀赋不同……这样，他们将来成长过程中所要面对的要求不同，所走道路有异，将来成长的具体目标也将不同。针对所有这一切，对于正在迅速成长的男孩们来说，父母并没有太多的时间去思考和等待，孩子也还没有意识到，匆匆之间，便已长大成人了，这该怎么办？

有这样一句古老的外国民谚："男孩是用剪刀、青蛙和小狗尾巴做成的。"男孩的性别决定了他们的行为特点，他们淘气好动、精力旺盛、敢于冒险，他们会把所有的一切搞得乱糟糟的，却仍意识不到自己的错误……这些在男孩看来最为自然的行为，让古今中外的父母们束手无策。其实，人类文明中积淀下来的很多东西是有共性的，男孩的成长和教育也不例外。最好的教育方法就是发展男孩的天性，通过寓教于乐的方式合理地引导男孩的成长，让他们在主动的气氛中找到一些行之有效的建议和指点。

《中国男孩心理成长枕边书》就是这样一份为成长中的男孩们准备的特殊礼物。这是一本跟男孩内心世界紧密相连的书，它深入每一个男孩的内心深处，了解每一个男孩的疑惑；这是一本随时为男孩成长提供精神钙片的书，它能让每一个男孩都通过这样一种交流的方式来获得成长的体验，从而成长为一名男子汉；这还是一本可以让家长与孩子共读的书，每个孩子的苦恼将通过一种全新的方式与自己的父母进行沟通，进而得到有效的解决。

转眼之间，那些淘气、调皮的小豆包们突然间长大了。看到这样的场景，很多父母会觉得惊讶不已，如果你也是他们中的一员，那么这本书适合你买下来，读给你的男孩听。因为通过这本书，你能够了解许多从孩子嘴里无法得到的事情，你会懂得他们看待事情的角度和内心态度。可以说，阅读本书，可以帮助父母和孩子了解并获得一些双方都认可的交流方式和有效方法。

如果你改变不了环境，那就去适应环境；如果你改变不了别人，那就改变自己；如果无法改变事实，那就改变对待事情的态度。如果一个男孩拥有勇气、自信、坚强、快乐、豁达、宽容，那些对于别人来说的难题，就会变得简单而且容易克服，在这个过程中，他会体会到别人无法体会的快乐。别人比自己优秀，他不是去忌妒，而是下定决心努力超越对方；和朋友交往，他不是斤斤计较，而是能够进行换位思考，包容并理解对方；自己吃了亏，不后悔，更不抱怨，不断总结经验，争取下次碰到类似情况时，取得新的突破……这些会让男孩受益终生的内容，正是本书一以贯之的宗旨。

本书的作者并非一个人，而是一个团队。从一定角度看，我们更接近于一群实践者，而非理论家。当然，我们在写作的过程中借鉴了许多理论家的知识和经验。同样因为写作，我们得以同一些优秀的男孩保持着良好的联系和交往，这也算是一个意外的收获。在此，我们向他们表示敬意，这些小男子汉的表现完全超出了我们的想象。

美国著名教育家桃乐丝·诺帝在《你给孩子什么样的环境》中这样写道：

指责中长大的孩子，将来容易怨天尤人。
敌意中长大的孩子，将来容易好斗逞勇。
恐惧中长大的孩子，将来容易畏首畏尾。
怜悯中长大的孩子，将来容易自怨自艾。

嘲讽中长大的孩子，将来容易消极退缩。

嫉妒中长大的孩子，将来容易钩心斗角。

羞辱中长大的孩子，将来容易心怀内疚。

容忍中长大的孩子，将来必能极富耐性。

鼓励中长大的孩子，将来必能充满自信。

赞美中长大的孩子，将来必能心存感恩。

嘉许中长大的孩子，将来必能爱人爱己。

接纳中长大的孩子，将来必能心胸广大。

认同中长大的孩子，将来必能把握目标。

分享中长大的孩子，将来必能慷慨大方。

诚实公平中长大的孩子，将来必能维护正义真理。

安定中长大的孩子，将来必能信任自己、信任他人。

友善中长大的孩子，将来必能对世界多一份关怀。

祥和中长大的孩子，将来必能有平和的心境。

让男孩成长为参天大树的不是别人，正是男孩本人和自己的父母啊。我们衷心期望，每一位读者都能从这本书中获益，我们也期望着每一个读完本书的男孩，都能拥有豁达、平和的态度，在面对困难时泰然自若，面对毁誉时不卑不亢，面对生活时积极进取，面对自己时坦然快乐，成为一个性格坚强、勇敢果断、自信顽强、不怕困难、宽容大度的男子汉。

希望此书让我们觉得成长是快乐的、神奇的、值得期待的，更能相信明天是美好的！

目录

最了不起的男孩

男子汉这个称呼来自千年之前的西汉。那时，北方的匈奴不断侵扰边境，在抗击匈奴的战斗中，西汉的士兵们都非常勇敢，他们被匈奴称做“汉儿”或“好汉”。随着“好汉”的出现，人们才渐渐地把“男子”和“好汉”联系起来，组成“男子汉”一词，作为对男性的一种尊称——岁月总会将那些最好的品质沉积下来，然后再一代代地传递下去，它们就像美酒一般醇厚和香甜。

男子汉应该什么样

每一个男孩都希望自己能够成为一名合格的男孩，成为众人眼里的男子汉，那么，真正的男子汉是什么样的呢？

100多年前的英国，曾有一则招聘男孩的启事，上面是这样写的：

现招聘男孩一名——他要坐立笔直，言行端正；

他的指甲不能乌黑，耳朵要干净，皮鞋要擦亮，清洗衣服，梳头发，好好保护牙齿；

别人和他讲话的时候他要认真听讲，不懂就问，但与己无关的事情不要过问；

他要行动迅速，不出声响；

他可以在大街上吹口哨，但在该保持安静的地方不吹口哨；

他看起来要精神愉快，对每个人都笑脸相迎，从不生气；

他要礼貌待人，尊重女士；

他不吸烟，也不想学吸烟；

他愿意说一口纯正的英语而不是俚语；

他从不欺负别的男孩也不允许别的男孩欺负他；

如果不知道一件事情，他会说："我不知道。"当他犯了错误，他会说："对不起。"

当别人要求他做一件事情，他会说："我尽力。"

他会正视你的眼睛从不说谎；

他渴望阅读优秀的书籍；

他更愿意在体育馆中度过闲暇时间，而不是在密室中赌博；

他不想故作"聪明"或以任何形式哗众取宠；

他宁愿推掉工作或是被学校开除也不愿意说谎或是做小人；

他在与男孩的相处中不紧张；

他不会为自己开脱，也不会总是想着自己或是谈论自己；

他和自己的母亲相处融洽，和她的关系最为亲近；

有他在身边你会感到很愉快；

他不虚伪，也不假正经，而是健康、快乐、充满活力。

这样的男孩形象是不是大大出乎你的意料之外呢？

也许你会觉得不以为然，100年前的老古董，谁稀罕看啊？那么，我要告诉你，其实，男子汉这个称呼就是来自千年之前的西汉。那时，北方的匈奴不断侵扰边境，在抗击匈奴的战斗中，西汉的士兵们都非常勇敢，他们被匈奴称做“汉儿”或“好汉”。随着“好汉”的出现，人们才渐渐地把“男子”和“好汉”联系起来，组成“男子汉”一词，作为对男性的一种尊称。是的，岁月总会将那些最好的品质沉积下来，然后再一代代地传递下去，就像美酒一般醇厚、香甜。

有一个男生调查，内容是“作为一个出色的男孩应该拥有最重要的品质”。调查的结果令人大跌眼镜，大多数接受调查的男孩子都认为，优秀男孩最重要的品质是友善和风趣，其次才是聪明、勇敢和忠诚。在那些大大小小的回答当中，还有很多优秀的品质受人推崇，包括乐于助人、彬彬有礼、强壮有力、有创意、自信、独立、诚恳、耐心、可爱、有魅力，等等。

当笔者还是一个小男生的时候，背着书包走在上学的路上，脑子里梦想着的就是成为一名男子汉。那时候的我，常常会为电视和电影里的那些男主角所打动，觉得真正的男子汉一定是强壮有力的。我心目中的完美自己必须是一个真正的硬汉，一个不管遭受怎样大的挫折和创伤都能够不动声色地忍受的真汉子。于是，我竭力按照自己的目标打造自己：像“真正”的男子汉一样大步走路，像“真正”的男子汉一样粗鲁而狂野地大声吵闹，像“真正”的男子汉一样不苟言笑、沉默寡言。

这样做的结果却大大出乎我的意料，大多数的同学都对我敬而远之，甚至连好朋友也慢慢地和我疏远了，我百思不得其解：难道做一个真正的男子汉是那么一件孤独而痛苦的事儿吗？

渐渐地，我不再刻意地去做男子汉了，我又变成了原来的那个我，尽管在大多数人看来我不够“Man”、也不够帅气，我开始明白真正的男子汉应该是什么样子的——既不是戴上面具装酷，也不是刻板地按照那些传奇和传说里的形象塑造自己，而是做一个简简单单的自己，一个可以随时随地微笑、跳跃、奔跑和欢呼的自己，一个懂得为自己的人生奋斗和努力、懂得为自己关爱的那些人付出真诚和善意的人。

下面是诺贝尔文学奖获得者吉卜林写给自己12岁儿子的信，上面说得好：

如果你被众人猜忌怀疑时，仍能坚信自己，让所有的怀疑动摇；

如果你拥有梦想，又能不迷失自我；

如果你热爱思考，又不至于走火入魔；

如果你在成功的时候能不忘形于色，即使遭遇挫折也能勇于担当；

如果你看到自己的梦想破灭，也不轻易放弃；

如果你辛苦劳作已是功成名就，但是为了新的目标，依旧愿意冒险一搏，哪怕功名成乌有；

如果你跟常人交谈而不变谦恭之态，和王侯散步而不露谄媚之颜；

如果他人的爱情左右不了你；

如果你与任何人为伍都能卓然独立；

如果任何的烦恼和骚乱都动摇不了你的意志，你能等待自己平心静气。

那么，你的修养就会如天地般博大，你就可以拥有一个世界。

而你，就将成为一名真正的男子汉了，我的儿子！

看了这些，你应该对男子汉有了一个大致的印象了吧。其实，这些由条条框框构成的原则并不是告诉你该怎样去做，如果你按照上面描述的去塑造自己，那样的结果只会让你越来越迷失自己，成为一个被他人设计好的角色，变成一个模式化的男人——这可不是我想要告诉你的。你需要做的就是想想你自己，想想你想要成为的那种人，然后放手去做吧！

这就是我——男孩个人小档案

你了解你自己吗？请认真填写下面的档案，说不定，你能够从记忆的角落里找出那些被你遗漏的珍宝来！

姓名：

小名：

出生日期：　　属相：

出生地：

其他纪念日（比如起名日，周年纪念日，学步纪念日）：

爸爸妈妈的姓名：

爷爷奶奶的姓名：

外公外婆的姓名：

血型：

特殊标志（你与众不同的特征）：

过敏反应（比如对海鲜过敏，对药物过敏）：

年份：身高/体重

1996:	1997:	1998:	1999:
2000:	2001:	2002:	2003:
2004:	2005:	2006:	2007:
2008:	2009:	2010:	2011:

腰围/鞋子尺寸：

1996:	1997:	1998:	1999:
2000:	2001:	2002:	2003:
2004:	2005:	2006:	2007:
2008:	2009:	2010:	2011:

HOME EVENT NAME

电脑（型号）：______ 手机（型号）：______

电子邮箱：______ QQ：______

特别喜欢的事情：

______

______

______

______

自己的座右铭：

______

______

______

______

短期目标/完成度：______

中期目标/完成度：______

长期目标/完成度：______

幼儿园（名称）：______ 地址：______

老师姓名/手机号码：______

小学（校名）：______

班主任老师/手机号码：______

中学（校名）：______

班主任老师/手机号码：______

特长班老师/手机号码：______

最好的朋友（名字）：______ 他/她的生日：______

手机号码：______ QQ/电子邮箱：______

家庭住址：______

做最好的自己

先来看一则故事：

有一个小男孩，从小父母离异，和四个姐弟一起在单身母亲的抚养下成长。因为家境贫寒，他们一家5口，只能挤在一间四面漏风的木板房里。这个从小相貌平平的男孩并没有什么异于常人的地方，个性不突出，书读得一般，就连身边的小伙伴也因为他的沉默寡言而疏远他，谁都不愿意和他一块儿玩。很多调皮的同学甚至叫他“没有父亲的野孩子”，这让他伤透了心，自认为是世界上最不幸的人。

可是所有嘲笑他的人都不知道，在这个寡言孤僻的小男孩心里，有一个谁都无法想到的梦想。正是这个梦想让男孩时刻提醒自己：做到最好，让自己变得与众不同。那是他在戏院里看的第一部电影，一部由功夫巨星李小龙主演的电影。那部电影让男孩心潮澎湃，他立下志愿要做一个著名的武术家或者功夫演员。尽管这个梦想和男孩的生活相隔得太过遥远，男孩还是相信，只要自己做到了最好，就一定可以达成心愿。

从那时候开始，这个小男孩在别人眼里变得愈发的怪僻起来：只要是拳击和武术比赛，他几乎每场都看；每天都勤练功夫，练过咏春拳和铁砂掌，还偷偷练过泰拳，最喜欢李小龙自创的“截拳道”；每天都和其他小孩打架比试，以切磋武艺。因为这些，小男孩没少受到母亲的责骂。

长大以后，男孩并没有成为演员，而是辗转更换了很多份工作。他曾做过公司助理，做过茶楼跑堂，干过电子厂工人，这些工作都没能长久，就连报考无线电视台艺员训练班也是屡试屡败。几经周折之后，他终于挤进了艺员训练班夜间部，走上了自己向往的演艺之路。

1983年，他结业成为香港无线艺员。同年被选派到儿童节目“430穿梭机”当主持人，一做就是4年。当时有记者写过这样一篇报道，说他只适合做儿童节目的主持人。他把这篇报道贴在床头最为醒目的位置，时时提醒和勉励自己：握紧拳头，一定要创出一番像样的事业，让人们对自己刮目相看！

倔犟的性格，充沛的表演欲望，不达目的誓不罢休的精神，从那时开始，已经在这个年轻人的身上逐一体现。尽管荧屏生涯远不如期望中理想，可他充分发挥自己的潜能，从最早的跑龙套开始，他一步一步地迈进了影视圈。在群星璀璨的香港影视圈，即使只能扮演一些名不见经传的小配角，勉强混个盒饭，他也毫不在意。对待失败，他从没有选择放弃，也不去和别人攀比。他在日记中写道：一步一个脚印，努力地做好自己！

有这样一个真实的个人经历：在片场，他曾扮演一具尸体，大火烧身，在导演没有喊停时，他一直强忍剧痛。这种近乎残酷的坚毅表演，使他在圈内逐渐有了名气。继而，他独辟蹊径，赋予自己扮演的角色以幽默俏皮的风格。正是看似荒诞不经的“无厘头”表演以及那种小人物的市侩和富有正义的矛盾对立，使他开了喜剧表演的先河。

这个没有成为功夫高手、却成了一位出色的喜剧演员的男孩，他的名字叫做周星驰。

成功的定义，有时候就是这么简单。像周星驰那样，无论你身处何方，都不在乎别人如何评价，更没有去和别人攀比。成功不可复制。关键是如何在最平凡不过的生活中，演绎好自己不平凡的角色。因为，在很多时候，成功就是做最好的自己。

对自己来说，“做最好的自己”，就是做比自己更好的自己：从实际出发，从自己出发，根据个人不同的自身条件“量身定做”，而不是做超越自己能力范围之外的不切实际的事情。做自己，找到自己的兴趣，树立自己的理想，做自己喜欢的事儿，就需要清楚地认识自己，发现自己的不足之处，不断审视自己、规划自己，才能做好自己，不留遗憾。

“天生我才必有用”，做最好的自己，就是不断发挥自己的特长和潜质，超越自己，让自己这块金子发光！

有两个小男孩，他们从小就是好朋友。

他们两个，一个喜欢弹琴，想当音乐家。而另一个则爱好绘画，想当美术家。

突然有一天，不幸的事情发生了：想当音乐家的孩子，突然耳朵聋了；想当美术家的孩子，忽然眼睛瞎了。

梦想变得遥不可及，这让两个孩子非常伤心。他们痛哭流涕，埋怨命运的不公平。

恰巧，有位老人打他们身边经过，知道了他们的怨恨。

老人走上前去，先对耳聋的孩子比画着说：“虽然你的耳朵坏了，但眼睛还是明亮的，为什么不改学绘画呢！”

接着，老人又对眼瞎的孩子说：“尽管你的眼睛坏了，但耳朵还是灵敏的，为什么不改学弹琴呢？”

孩子们听了，心里一亮。他们擦干眼泪，开始了新的追求。

说也奇怪，改学绘画的孩子，渐渐地，感到耳聋反而更好，因为，他可以避免一切喧嚣的干扰，使精力高度专注；改学弹琴的孩子，慢慢地，也觉得失明反倒有利，因为，他能够免除许多无谓的烦恼，使心思无比集中。

果然，耳聋的孩子后来成了美术家，而眼瞎的孩子则成了音乐家，他们都在各自的领域里获得了成功。

每个人的生命都是一个极其灿烂的过程，对于世界来说，我们只是一个过客，而要做怎样的过客、过怎样的一种生活、拥有快乐还是悲伤，则完全取决于你自己的抉择。每个人的人生都是有差异的，就好比世界上没有完全相同的两片树叶一样。每个人的素质都不相同：能力有大小，水平有高低，长处也各不相同，但每个人如果都能尽自己最大的努力，做到自己能力所能达到的最好程度，那么，他就是最好的。

故事里的男孩确实是比一般人多了许多坎坷，少了许多机遇。但是，消沉并不能带来益处，只能让你备受煎熬。相反，如果你走出漆黑的屋子，站在大地上感受头顶上明媚的阳光，那么，属于你的那颗心会温热起来。虽然你的眼睛无法看到，你的耳朵无法听到，但你的心脏仍然在跳动，你有健康的躯体，你有鲜活的灵魂——你并不是一无所有，只是缺少了一点坚强。

有这样一首诗和你分享：

如果你不能成为山顶上的高松，

那就当棵山谷里的小树吧，
但要当棵溪边最好的小树。

如果你不能成为一棵大树，
那就当一丛小灌木，
如果你不能成为一丛小灌木，
那就当一片小草地。

如果你不能是一只香獐，
那就当尾小鲈鱼，
但要当湖里最活泼的小鲈鱼。

如果你不能成为一条大道，
那就当一条小路，
如果你不能成为太阳，
那就当一颗星星，
决定成败的不是你能力的大小，
而是做一个最好的你。

你想要收获什么

从前有一位国王，他掌控着一个强大的国家，可是他却迟迟没有为自己挑选继承人。随着国王日渐老去，他意识到是时候甄选国王继承人了。但是，他决定不在自己的后代中挑选后继之人，而是采用一种特别的方式进行甄选。

一天，国王将王国里所有的男孩都召集起来，对他们说：“我已经老了，将要退位。我决定在你们中间挑选一位新任君主了。”

所有的男孩们都觉得不可思议，他们纷纷议论起来！

国王继续说：“今天，我将赐给你们每人一颗种子，一颗特别的种子。我要你们种下种子，好好浇灌，明年的今天把你用这颗种子种出来的植物带回这里。到时候，我将一一评判你们的成果，并按照评价的好坏从你们中挑选出新的国王！”

在场的人群中有一个名叫“诚”的男孩，他跟其他男孩一样也得到了一颗种子。回家后，他兴高采烈地将这件事情告诉了母亲。在母亲的帮助下，他找来一个装满了泥土的小陶罐，将种子埋了进去，他小心翼翼地将这颗盛满了希望的种子用泥土夯实。每天，诚都会给种子浇水，并细心观察种子是否发芽。

一晃十多天过去了，一些男孩已经开始讨论自己的种子和逐渐成长起来的植物。诚不断地查看自己的种子，但盆里没有长出任何东西。三个星期过去了，四个星期、五个星期过去了，还是一无所获。现在，所有的候选人——除了诚，都在谈论自己的植物，而诚却没能种出任何东西，他觉得自己很失败。

6个月过去了——诚的陶罐里还是没有任何迹象。他觉得自己一定是把种子弄死了。每个人不是种出了小树就是栽出高大的植物，而他却什么都没有。然而，诚没有向朋友们透露这件事情，他只是一直等待有一天种子能发芽成长。

一年最终过去了，王国里所有的男孩子都把自己栽种的植物带去给国王审查。诚对母亲说，他不会带着一个空罐子去见皇帝，可是母亲认为他应该诚实地对待发生的一切。诚紧张极了，但他知道母亲是对的，于是带着空陶罐进了王宫。

诚来到了王宫，看到其他年轻人带来自己种出的各种植物，很是吃惊。这些花草生长得异常美丽，形态各异。诚将空陶罐放在地上，遭到很多孩子的取笑。

终于，国王驾临了，他环顾四周后便与在场的男孩打了招呼。诚只想藏在后头以免被人发现。

“噢，你们种出了多么漂亮的小树和花卉啊，”国王有些闷闷不乐地对着人群说道，“今天，你们当中的一位将被任命为下一任国王！”

突然，国王的目光落在了最后面的诚身上，看到诚的空陶罐，国王的眼睛一下子亮了起来。他命令护卫将诚带到前面来。

诚被吓坏了，心想：“国王知道我失败了！！”

诚来到国王面前，结结巴巴地说道：“我叫诚。”

所有的孩子大笑起来。皇帝的脸上挂上了一丝笑容，他挥了挥手，命令所有人都安静下来。

然后国王大声地向众人宣布：“我面前的这个男孩将会成为你们的新国王！他的名字叫诚！”

这简直让诚无法相信：自己连一颗种子都种不活，怎么能当新国王呢？

国王接着解释说：“去年的今天，我给你们每人一颗种子。我让你们把种子带回去栽种、浇灌并于今天带回来见我。但是，我给你的种子全都是煮过的，不能生长。除了诚以外，你们全都带来了小树、植物和花卉。发现种子不能发芽时，你们就将我给你的种子换成其他种子。诚是唯一有勇气和诚信将种着我的种子的陶罐带来的人。因此，他就是新的人选！”

想要得到什么，必将付出什么；今天你种下了什么东西，明天就会收获什么。对于很多男孩来说，未来充满了希望和梦想，它是如此的美好，又是如此的遥不可及。长大并不总是一帆风顺，很多时候你都会遇上起起落落的情况，仿佛置身于一座陌生的城市之中，无法找到自己的道路，你会担心自己是不是找对了方向，你会因为狐疑而让自己的努力变得小心翼翼，变得暮气沉沉。

没错，生活中充满了压力：来自家庭的压力，来自学校的压力，甚至还有来自你本身的压力。在重重的压力之下，你会觉得不知所措，不知道自己在做些什么，要做什么或者应该怎么去做。我也曾经碰上过这样的情况，在我小的时候，我也遇上过这样的情况，我的解决方法就是，为自己树立一些原则，比如凡事尽力而为、相信自己的能力、不要放弃自己的梦想、坚持到底就是胜利，等等。

这些原则现在看起来有些幼稚和青涩，但对于当时的我来说，可是帮了大忙了。当我觉得迷惘的时候，我会按照这些原则做下去，相信自己，相信自己有能力把握人生，能够让自己一直朝着正确的、自己想要的方向努力。即使到了今天，这些原则依然在潜移默化中影响着我，而我依然为当时确定的这些原则而骄傲。不过，我要提醒你，所有的这些原则都必须由你自己来寻找，想要偷懒那可没门。

你若种下正直，便将收获信任；
你若种下友善，便将收获朋友；
你若种下谦逊，便将收获成就；
你若种下坚持，便将收获胜利；
你若种下体谅，便将收获和谐；
你若种下苦功，便将收获成功；
你若种下宽恕，便将收获和睦；
你若种下宽怀，便将收获亲密；
你若种下耐心，便将收获进步；
你若种下信念，便将收获奇迹。

我们来看一封回信，在这封写给中国男孩的回信中，它的作者——一位在中国待了整整12年的美国籍外教，寄托了自己对于收到信件的男孩的所有期望。

我曾经教给你们的内容：

No.1 爱其他人。

No.2 要善良。

No.3 要明智（寻求智慧）。

No.4 发挥你的想象。

No.5 要有创造力。

No.6 好好记录你的生活（日记、书信及其他）

No.7 关注你的梦想。

No.8 探究你的记忆。

No.9 常问“为什么？”

No.10 问自己：“我确定喜欢什么？”

No.11 要自由。

No.12 感激融洽与和谐一致。

No.13 读《圣经故事》（它将会帮助你了解西方文明和文化）。

No.14 表达自己。

No.15 坚持做阅读笔记。

No.16 保存你阅读的书目。

No.17 把每一堂课都当成你个人成长和发展的一个机会。

No.18 在课程的开始，问自己：“我将在这门课中学习到什么？我将会如何改变？”

No.19 在课程结束的时候，问自己：“我在这门课中学习到了什么？ 我已做出怎样的改变？”

No.20 读原著，理解你所思考的。

No.21 要平和。

No.22 找到相异事物之间的联系。（这将会帮助你成为一个原创性的思想者。）

No.23 看别人看不到的。

No.24 尽可能地欢笑，它有助于你的健康。

No.25 发展你的社交能力。

No.26 成为一个好的交谈者。

——a.用心地听。

——b.给别人说他想要说话的时间。

No.27 要乐观。

No.28 要天真无邪，但不幼稚。

No.29 做最好的自己。

No.30 花时间沉默。

No.31 练习、练习、练习。

No.32 别懒惰。

No.33 想在前，计划在前。

No.34 永远不要停止学习。

No.35 认为每个人都是一位潜在的老师。

No.36 问自己：“从事物里我找到了什么规律？”

No.37 整合头脑和心灵，理智和想象，思考和感觉。

No.38 充分的睡眠。

No.39 要宽容。

No.40 改变中国。

No.41 改变世界。

No.42 把你学到的东西教给别人。

No.43 保持平衡。

这位外教的名字叫做韦恩·西蒙斯，知道他的男孩都亲昵地称他为“韦恩老爹（Daddy Wayne）”。自从他漂洋过海来到中国以后，曾辗转在3所大学的口语课堂和各地的英语角，还曾获得中国国家友谊奖……最令他自豪的就是自己曾给中国孩子写出过上万封回信。在他看来，信中的这43条原则是每一个男孩都该知道并了解的知识。我相信，如果能够仔细地阅读它们，你也可以找出属于自己的原则来！

外国男子汉的那些事

2002年的秋天，俄罗斯总统普京收到了一封孩子的来信。孩子在信中说，总统戴着安全帽不好看，希望总统以后不要再戴安全帽。原来不久前普京总统到一个石油公司去视察，他按规定戴上了安全帽，那位孩子在电视中看到后，认为普京戴着安全帽不帅气，所以写来了这封信。

普京当即亲自给孩子写了回信，信中说：“亲爱的伊凡诺维奇，收到你的来信我很高兴。我也知道戴着安全帽不好看，但那里是生产现场，如果不戴安全帽就会出危险，按规定必须戴安全帽。

我觉得一个人的脑袋比脸更重要，所以我想了再三还是戴了，你说呢？”

TIP ※ 这个世界上比帅气重要的东西还有很多，比如脑袋，比如安全，比如生命……

美国造币厂位于华盛顿特区，这个世界上最有钱的地方也对外开放，供人参观。在老布什当总统期间，有一天他收到一个男孩写来的信，信中说，学校组织他们参观造币厂时，他发现墙上有幅作广告宣传的漫画，画的是一位绅士模样的男人撑着一把只有半片的雨伞，递给身边的胖太太，胖太太惊讶得几乎要跌倒，旁边还有一句话：“一半对就意味着全部错！”那个男孩认为这句话不对，已经对了一半，为什么会意味着全部错呢？在这样重要的地方是不应该出现这么明显的错误的。

老布什回信说：“亲爱的孩子，那幅画已经存在很多年了，我小时候就见过，那时我也觉得这句话有问题，但我现在不这么看了，所以你认为这句话不对是因为你是孩子和学生，长大之后你就会明白了。”

TIP ※ 对和错之间的距离只有一点点，也不是那么容易就能跨过的。

1983年11月1日，美国总统里根的办公室里请来了一位小客人，他叫比利，只有7岁。比利得了一种绝症，医生说他活不过10岁，但小比利的心中有个理想，就是当美国总统，里根知道这件事后，就把他请了来，他决定让小比利当一天美国总统，自己则给比利当“助手”。里根向“小总统”介绍了总统的日常工作和职务范围，然后为小总统服务，部下呈来了文件，小总统就请“助手”参加讨论，意见统一后，由里根签章。

一天过去了，小比利非常满足但又有些遗憾地对里根说：“可惜我不能天天当总统。”里根说：“不要紧，我小时候的理想是当一个消防队长，但到现在还没能实现呢。”

TIP ※ 重要的是要敢于做梦，我们能梦想的，就能实现。

在美国的新泽西，有一位愚钝无比的小男孩，无论老师如何努力地教他，他仍然无法学会从1数到10。无奈之下，老师决定请他的父亲来学校一趟，好好沟通一下孩子的教育问题。

当父亲得知自己的孩子在学校竟然如此差劲时，老师最担心的事情还是发生了。愤怒的父亲立刻把自己的孩子叫了出来，当着老师的面大声呵斥道：“你这么大了，连从1数到10都学不会，将来长大能有什么用？”

这个学不会10个数字的孩子眼珠飞快地一转，笑嘻嘻地说：“我可以做一个拳王争霸赛上只需要数到9的裁判。”

这个小男孩的名字叫布鲁斯·富兰克林。在今天的美国体育界，谁都知道布鲁斯·富兰克林是全美职业拳击运动史上最伟大的裁判！

TIP ※ 其实，每个人都有与生俱来的天赋和潜能，有时候，不甘心往往是最好的动力。

《时间简史》的作者霍金，小时候的学习能力似乎并不强，他很晚才学会阅读，上学后在班里的成绩从来都没有进过前一半，而且作业本总是很不整洁。老师觉得他已无可救药，同学们也把他当做嘲弄的对象。他12岁时，班上有个男孩子用一袋糖果打赌，说他永远不能成才。

TIP

※ 别人的嘲笑只会让懦弱的人止步，对于男子汉来说，没有什么可以阻挡自己前进的方向。

2001年5月21日，当时的美国总统布什返回母校耶鲁大学接受荣誉法学博士学位。布什对母校的同学发表了这样一段话：“如果你的成绩是A，那么恭喜你，你可以去当科学家；如果你的成绩是B，那么恭喜你，你可以去当企业家；如果你的成绩是C，那么我还要恭喜你，你可以成为一名出色的职员；如果你的成绩是D，那么我就要很遗憾地告诉你，你只有去当美国总统了。”

TIP

※ 不要轻易被失败过滤，更不要因为别人的否定而否定自己。

美国人眼中的优秀男孩

具有技巧和知识，能适当运用这些技巧和知识解决具体问题；

注意力集中，不容易分心，能在充分的时间里集中注意力来解决某一问题；

热爱学习，喜欢探讨问题和做作业；

坚持性强，能把指定的任务作为重要目标，用急切的心情去努力完成；

反应性好，容易受到启发，对成人的建议和提问积极反应；

有理智的好奇心，能从自己解答问题的过程中得到满足，并且能够提出新问题；

乐意处理比较困难的问题和进行争论；

机灵，具有敏锐的观察力；

善于正确地运用众多的词汇；

思维灵活，能够及时摆脱自己的偏见，用他人的正确观点看问题；

思想灵活，能够形成许多概念，善于掌握新的较深的概念；

具有独创性，能够用新颖的或者异常的方法来解决问题；

想象力强，能够独立思考；

能把既定的概念推广到比较广泛的关系中去；

兴趣广泛，对各种学问和活动都感兴趣；

关心集体，乐于参加各种集体活动，助人为乐，和他人融洽相处，对别人不吹毛求疵；

情绪稳定，经常保持自信、愉快和安详，有幽默感，能够适应日常变化，不暴怒。

男孩必知的成功箴言

作为男子汉，你必须相信自己就是最成功的，并且不断开始自己的新尝试。成长中的每一个突破都会有一个开始，就像婴儿开始学步、鸟儿开始学飞一样，这个开始需要对自己充满信心。成功的男孩从来不会为了昨天的脚印而悲伤、失望，他们满怀着勇气、自信和希望，能够无所畏惧地应对任何挑战和难关。

我是最了不起的人

在了解这些男孩必知的成功箴言之前，我们必须明确一个问题：对你来说，最了不起的那个人是谁？是自己吗？

没错，你就是那个最了不起的人——这就是每个男孩应该知道的第一句成功箴言。

对于男子汉来说，最重要的一件事就是要发现你自己。如果你对此还抱有疑问的话，那就证明你还不是一个真正的男子汉。

下面是一个男孩写给自己的《独立宣言》，我们不妨来看一看：

我是我自己。

在这世界上，没有一个人跟我相同。某些人可能有某部分像我，但没有一个人完全像我。因此，我身上的一切——我的身体和它所做的事情；我的大脑，和它所想所思；我的眼睛和它看到的；我的感觉，不管它们可能是愤怒、喜悦、挫折、爱、失望、兴奋；我的嘴巴和它所说的话，礼貌的、甜蜜或粗鲁的，正确或不正确的；和我所有的行动，不管对别人的或对自己的——都是我自己的。

我拥有我的幻想、梦想、希望和害怕。

因为我拥有全部的我，因此我能和自己更熟悉、更亲密。由于我能如此，所以我能爱自己并友善地对待自己的每一部分。于是，我就能够做我最感兴趣的工作。

我知道某些困惑我的部分。但是只要我友善地爱我自己，我就能够有勇气、有希望地寻求途径，来解决这些困惑，并发现更多的自己。

然而，任何时刻，我看、我听、我说、我做、我想或我感，那都是我。这是多么真实地表现那时刻的我。

这些时候，我再回头看我所看的、听的、做过的、想的、感受的，有些可能变得不适合了。

我能够丢掉一些不适合我的，并且再创造一些新的。

我能看、听、感觉、思考、说和做。我有方法使自己觉得活得有意义，亲近别人，使自己丰富和有创意。

我拥有我自己，因此我能驾驭我自己，我能超越我自己！

每个人都会有自己的抱负，这里面寄托了自己的肯定、自信、期待和追求。在这个《独立宣言》里，我看到了一个自信、独立、不断成长的男子汉，他信心百倍、无所畏惧，面对未来乘风破浪前进。

成长中的每一个突破都有一个开始，就像婴儿开始学步、鸟儿开始学飞一样，这个开始需要对自己充满信心。作为男子汉，你必须相信自己就是最出色的，并且不断开始自己的尝试。最出色的男孩从来不会为了昨天的脚印而悲伤、失望，他们满怀着勇气、自信、希望和求知欲，能够应对所有的挑战和难关。

古希腊哲学家苏格拉底在晚年的时候，曾想找一位年轻人来做自己的接班人。在他和弟子的长期接触中，觉得弟子莫利是一个不错的人选，但他身上似乎还缺少点儿什么，于是便决定再考验考验他。

有一天，苏格拉底把莫利叫到面前说："孩子，我年纪大了，所剩时日已经不多了。我希望你能帮我找一个优秀的年轻人来继承我的衣钵。他不但要有相当的智慧，还必须有充足的信心和非凡的勇气……这样的人选我还从未见到过，你能帮助我寻找一位吗？"

莫利对自己的老师十分尊敬，对老师交代的事情也是尽心尽力地去办。他不辞劳苦地四处寻找，将一个又一个优秀的年轻人带到苏格拉底面前，可苏格拉底总是不满意。

终于有一天，苏格拉底病倒了，他知道自己不久就要离开人世了，但自己喜爱的弟子却还没有省悟过来，不禁伤心地流下了眼泪。

莫利见老师如此悲伤，满怀愧疚地说："真对不起！我没能找到令您满意的年轻人。”

苏格拉底摇了摇头，失望地说：“孩子，最出色的人就是你呀！只是因为你对自己缺乏足够的信心而始终没有意识到这一点。其实，每个人都是最出色的，差别就在于如何发现自己、重视和发掘自己。”

对于和自己一样大的同龄男孩来说，谁是最成功的一位，并没有具体的评判标准。可以说，谁过得更精彩、更快乐，谁就离成功更近。也许你身边的一些男孩因为成绩优秀而常常得到老师的夸奖，大家都认为他是一个出色的男孩。可是，真的是不是那么出色，只有当事人自己才知道。你要相信自己，相信自己可以成为一个出色的人，一个出色并且快乐的人，就像故事里说的那样，最出色的人就是你自己呀！

总有一些道理，在我们最需要懂得的时候，却因为太小而无法懂得，当我们长大成人的时候，才发现岁月已逝去，时光不再。过去的已经无法再回头，错误的再也不能改正。亲爱的小读者，你将要读到的就来自于那些曾和你们一样的男孩，在经历过种种烦恼和苦闷之后，他们将以一颗比你们稍稍年长的心，来告诉你一些现在就该明白的道理。

也许你还不能完全明白这些道理，我仍然希望，通过了解这些内容，你能够在遇上类似问题的时候稍微想一想，如果能够让你的男子汉之旅少一些弯路，从而更好地抓住成功的机会，这将是我——一个大男孩最大的荣幸和期望。

我相信，如果你能够读懂这些道理，你一定可以成为最出色的那个人！

好吧，结束了这段啰唆的开场白之后，让我们开始吧！

拿出勇气，就能创造奇迹

“你若失去了财产——你只失去了一点，你若失去了荣誉——你就丢掉了许多，你若失去了勇敢——你就把一切都丢掉了。”很多时候，男孩们并不像父母想象得那样弱小。只要激发内心的勇气，给予自己足够的空间和表现的机会，每个男孩都能成为让人感叹不已的男子汉！

听过这样一个故事：

一个法国人，在他40多岁的时候依然一事无成。他认为自己简直倒霉透了：破产、失业……他不知道自己的生存价值和人生的意义。他对自己非常不满，变得胆怯、不安，同时又十分脆弱。

有一天，一个吉卜赛人在巴黎街头算命，他随意试了一试。

吉卜赛人看过他的手相之后，说：“您是一个伟人，您很了不起！”

“什么？”他大吃一惊，“我是个伟人，你不是在开玩笑吧！”

吉卜赛人平静地说：“您知道您是谁吗？”

“我是谁？”他暗想，“是个倒霉鬼，是个穷光蛋，我是个被生活抛弃的人！”

但他仍然故作镇静地问："我是谁呢？"

"您是伟人！"吉卜赛人说，"您知道吗？您是拿破仑的后代！您身体流的血、您的勇气和智慧，都是拿破仑的啊！先生，难道您真的没有发觉，您的面貌也很像拿破仑吗？"

拿破仑·波拿巴，那可是法兰西第一帝国和百日王朝的皇帝，在过去的岁月里，拿破仑曾经统治法国长达15年之久。

"不会吧……"他迟疑地回答，"我破产了……我失业了……我几乎无家可归……"

"嗨，那是您的过去，"吉卜赛人直视着他的眼睛煞有介事地说道，"您的未来可不得了！如果先生您不相信，就不用给钱好了。不过，5年后，您将是法国最成功的人啊！因为您就是拿破仑的化身！"

他表面装作极不相信地离开了，但心里却有了一种从未有过的伟大感觉。他对拿破仑产生了浓厚的兴趣。回家后，就想方设法找与拿破仑有关的书籍著述来学习。

渐渐地，他发现周围的环境开始改变了，朋友、家人、同事，每个人都换了一种眼光和表情对他。一切开始顺利起来。

后来，尽管他并没有能够成为像拿破仑那样的英雄，却真的成为一位成功的商人。

其实一切都没有变，是他自己变了：他的胆魄、思维模式都在模仿拿破仑，就连走路说话都像。

有些事情，看起来很困难，似乎是一件不可能完成的任务。但只要你拿出勇气，迈出一步，然后再迈出一步，一步接着一步，也许就能完成。就像每一个刚开始学步的孩子那样，他踏出的每一个步伐都可能让自己失去平衡。他摔倒了，受点小伤，但除此之外，还有什么方法能够让他可以学会走路呢？创造奇迹的人，凭借的不仅仅是当初的那点勇气，只要把最初那点勇气保持到底，你也一样可以创造奇迹。

在课堂上，老师提问的那些问题我明明都会，可就是不敢举手回答；

在集体活动中，因为担心出丑，我宁愿自己缩在角落里面待着；

在家里，面对一些自己想做又不敢做的事情时，我没有勇气和爸妈提起；

……

说实话，上面的这些胆怯和担心，我也曾有过，我也曾经抱着上面一样的想法退缩过。勇气，从来不是生来就有的。你必须和自己的胆怯进行一场看不见的战斗，只有你自己才可以决定这场战斗的胜利。

我认为，勇气应该包括两层含义，一是迎战不应该害怕的任何东西；二是害怕应该害怕的东西。那些充满了勇气的人并不是真的无所畏惧，相反，他们也一样担心着、害怕着，只不过他们的担心和害怕和你的有点儿不同：

如果我不敢举手回答问题的话，我永远不会拥有站起来回答问题的机会；

如果我不敢参与集体活动的话，我永远不能像其他男孩那样绚丽地展示自己；

如果我不敢和老爸老妈对话的话，我的想法永远不会被他们所了解，我也很难有机会去做自己想要去做的事情；

……

人人都有过胆怯，就像前面提到的拿破仑，他叱咤风云、无所畏惧，少有人可以与之相提并论。可是，巨人也一样有“胆小”的时候。在拿破仑的书信集中，有这样一段描述自己心理的话：“当我部署一次战役的时候，没有人比我更胆小的了。我故意夸大当前形势所可能产生的一切危险和灾难。我处在非常痛苦的焦急状态之中……”拿破仑清楚地知道自己害怕的一切，即使害怕，依然坚持。勇敢的人也会害怕，一个人虽然害怕却仍然勇于前进，就才叫做勇敢。

你所有的害怕，不会因为勇气而减少半分。但只要拥有勇气，相信自己可以战胜一切，你就能够越过胆怯，看到更多的东西，比如尊严，比如胜利，而这些恰好是一个男子汉最重要的东西。

从前有一个国王，拥有一片广袤的土地和数不清的财富。可是岁月不饶人，国王一天天地变老，再也没有足够的精力来应付日益繁杂的国事。于是，他决定出一道题考一考自己的大臣，以便从他们中挑选出合适的人选来帮助自己治理这片国度。

老迈的国王带着所有的大臣们沿着一溜长长的阶梯，来到了一扇巨大无比的门前。国王指着身边的大门，审视着自己的大臣，说道：“这扇门是我们国家中最大也是最重的一扇门，你们当中有谁能够打开它？”

几乎所有的大臣都低下了头，不敢面对国王的眼睛。有的装模作样地瞄了瞄面前那扇硕大无比的门，不住地摇起头来；有的心里暗暗猜测国王话里是不是隐藏着什么秘密；还有的干脆私下交流起来，“我们个个手无缚鸡之力，哪里打得开这么大的一扇门啊”。

只有一位年轻的大臣沉思了片刻之后，主动朝着大门走了过去。只见他用力一推，大门竟然慢慢地打开了——原来，这扇门根本就只是虚掩着，任何人都可以轻而易举地打开它。

在现实生活中，你是否也会因为某件事非常难办而丧失尝试的勇气呢？其实，成败与否只有做了才知道，只会被动地待在原地的男孩，永远走不出失败的圈子。一个拥有自信的男孩，一定是个敢作敢为的人，他绝对不会消极地等待、被动地接受，相反，他会在行动和实践中不断证明自己，向其他人展示自己的才华。

有一个男人，他的生活中充满了失败，但他从未丧失勇气，而是不断尝试，不断努力。让我们来看一看他的经历：

14岁的时候，他走进了拳击场，结果他被对手打得鲜血直流，第二天，所有的人都认为他不会来的时候，他裹着纱布又来了。这样拼命训练的结果却是，在一次训练中，他的左眼受伤，从此，这只眼睛的视力再也没有恢复。

19岁的时候，他上了战场，结果他在一次战斗中受了重伤，身上中了200多块弹片，这些弹片的一部分永远留在了他的身体里。

20岁的时候，他立志要做国内第一流的作家，可是他所写的稿件全部被退了回来。

24岁的时候，他已经出版了自己的第一部著作，这部只印了300册的书，不但没能挣到一分钱，反而让妻子在一怒之下，带着儿子离开了他。

25岁的时候，他尝试了一种新的文学题材，由于他创作的小说《太阳照样升起》受到了广泛的好评，并且还因此产生了一个新的文学流派——“迷惘的一代”。

……

这个人，就是海明威。凭借自己的努力，海明威获得了1954年的诺贝尔文学奖，他成为了全世界的“硬汉”。

每个男孩都希望发生奇迹，如果你拥有勇气，奇迹也会随之而来。这就好比我们的学习，原本我们就不需要为它而苦恼，有的时候，只需要将你的观念和方法改一改，就可以让学习变得比从前更加轻松、愉快。

让自己充满勇气的三步曲

◎第一步，你需要树立一个目标。把你心目中的那些英雄找出来，当自己因为缺乏勇气而退缩时，你可以想一想，如果他们处在自己的位置时，会怎么做；

◎第二步，尽可能地将自己最优秀的一面展示给别人看，那会让你时刻保持满格的勇气；

◎最后一步，你需要不断尝试一些在自己看来很有挑战性的事情，并把他们记下来——勇气可不能藏在心里，它需要自己来证明。

完成了这三步以后，你就能清楚地了解自己的勇气在哪里。要知道，这个世界上并不存在多少“完全不可能”的事情，只要你有勇气，敢于站起来，那么就会有创造奇迹的可能！

拥有自信，我能战胜一切

曾经看过这样一则故事：

他是英国一位年轻的建筑设计师，这位幸运的年轻人受命设计新建成的温泽市政府大厅。他殚精竭虑，运用自己所学的工程力学知识，根据多年来的实践经验，巧妙地设计出了只用一根柱子就能支撑大厅天花板的方案。

1年后，市政府权威人士进行验收时，对这个方案提出了质疑，并要求一定要再多加几根柱子。

年轻的设计师十分自信，他详细地计算说明并列举相关实例，坚信自己的方案完美无瑕，最后他拒绝了工程验收者的建议。他的固执惹恼了市政官员，并险些为此而上法庭。

无奈之下，这个年轻人想出一条两全其美的计策：他在大厅里增加了四根柱子，不过，这些柱子并没有与天花板接触，柱子和天花板之间相隔着不易察觉的两毫米。

时光飞逝，岁月如梭，一晃300年过去了。

300年的时间里，市政府官员换了一批又一批，支撑他们头顶天花板的柱子却从来没有变过。直到某一年，市政府准备修缮大厅的天花板时，才发现了这个秘密。

消息在一夜之间不胫而走，世界各国的建筑家和游客慕名而来，观赏这根奇异的柱子，并把这个市政大厅称做“嘲笑无知的建筑”，当地政府对此也不加掩饰，在新世纪到来之际，特意将大厅作为一个旅游景点对外开放。许多人在那一根柱子面前流连忘返，遐想联翩。

人们在仅存的一点儿资料中找到了那位年轻的建筑设计师克里斯托·莱伊恩说过的一句话：“我很自信，自信至少100年以后，当你们面对这根柱子时，只能哑口无言，甚至瞠目结舌……我要说明的是，你们看到的不是什么奇迹，而是我对自信心的一点坚持。”

自信，是使人走向成功的第一秘诀。只有找到自信的支点，才可以撑起男子汉的脊柱。

有人说，男子汉就该自信，因为不自信的男孩都不成功。这里需要解释两个问题。第一，自信并不需要别人的评价，自信首先来自于你自己，脱离了自我的自信还能有什么底气呢？第二，自信并不意味着成功，它只是一种对待生活的态度。你可以不成功，却不能够不自信。一个拥有成功的人不一定能走远，而一个拥有自信的人却能走遍天涯海角。

小时候，我曾经一度痴迷于一种名叫“不倒翁”的玩具。它上面轻下面重，不管你怎样扳都能重新站立起来。这种玩具一般都会被做成白胡子老头的模样，看着相当有趣。那时候的我，最喜欢看着这个小小的“白胡子老头”以各种各样的方式被扳倒，然后一次又一次地站立起来。可是，为什么不倒翁不会倒呢？

仔细观察后，我发现，不管是什么样的不倒翁，它们在材质或者制作方法上可能有所不同，但有一点是相同的，那就是所有的不倒翁都是微笑着的，它们的脸上始终洋溢着自信的微笑。这个想法让我充满了惊喜，如果能像不倒翁那样始终保持自信的微笑，我也可以像不倒翁那样坚持不倒。

自信能孕育信心，你能通过充满信心的活动让别人对你产生信心；自信能使你保持最佳心态，增强你进取的勇气。当一个人过不了自信这一关的时候，就会怀疑自己，从而使得自己做的所有事情大失水准。

有一个总觉得自己不被人喜欢而有点自卑的男孩，他偶然在商店里看到一枚异常帅气的胸章。当他把这个胸章别在胸前的时候，商店里的顾客纷纷向他投来赞赏的目光，于是他非常兴奋地买下了那枚胸章，并戴上它去学校。

奇妙的事情发生了，许多平日不太同他打招呼的同学，纷纷跟他接近。原来不苟言笑、死气沉沉的他，很快变得活泼起来了。男孩心想：“都是因为戴了帅气的胸章的缘故吧！”随即，他想到店里似乎还有几个更加别致的胸章，决定再买几个以备不时之需。

放学之后，小男孩很快地跑到商店里。谁知道一到店里，老板就笑嘻嘻地迎上来了："我就知道你会回来拿你遗失的胸章，昨天当我发现它掉在地上时，你已经一溜烟地跑走了，所以我只好暂时替你保存。"

这时，小男孩才发现自己胸前根本没佩戴任何东西……

试想一下，如果你总是接受来自老师和同学的称赞和夸奖，可是有一天，你突然发现有一个人在各方面都好像比自己更优秀，这难道不会让生长在顺境下的你对自己产生怀疑吗？我们遇到的许多问题和困难，实际上正是来源于信心不足，一旦获得了信心，许多问题就将迎刃而解。

"要想有面子，必先丢面子。""我唯一关心的是，今天的我是否比昨天更优秀。""我最能干，我最强。我最能吃苦，我一定能成功。"这些充满了自信和勇气的话语让每一个男孩钦佩不已，它们来自同一个人：李阳。

李阳是"疯狂英语"的创始人，这个拥有着阳光般名字的青年，练就了一口连美国人都难以分辨的地道美语，被誉为"万能翻译机"。他的梦想——"让3亿中国人说一口流利的英语，让中国之声响彻全世界""让3亿外国人讲一口漂亮的汉语，21世纪将是中国人走向全世界"——现在几乎已经成为了现实。

可你一定不知道，当年的李阳只是一个怯懦的孩子。他内向、自卑、极端自闭：在家里，电话来了他不敢接，客人来了他就躲；在学校，老师一提问他就成为大家嘲笑的对象。

"我一定要找到一个超过别人的东西！"想要找回自信的李阳决定设立一个目标，向过去挑战，向自己挑战。于是，他选择英语作为突破口，发誓要通过4个月后举行的英语四级考试。

一次偶然的机会，李阳发现，在大声朗读英语时，注意力会变得很集中。在大喊的时候，他发现自己的性格开始发生改变：那个内向、自卑、害羞的自己在大喊的过程消失了。接下来的每天中午，李阳都会去学校的烈士亭“喊”英语。在那4个月里，李阳用高音喇叭播音似的方式复述了近十本原版英语读物。从宿舍到教室，从教室到食堂，李阳的嘴总是在不断地运动着。4个月后，这个总是不及格的学生，以全校第二名的好成绩通过了考试，轰动了整个学校。

通过这种方法获得了信心的李阳并没有停下自己的脚步，他要让自己变得更加自信。既然这种方法在自己的身上已取得成功，那么为什么不把这套方法系统地总结，传授给其他还在为英语而发愁的同学呢？再说了，这也是找到自信的一种办法。于是，李阳开始在校园里贴出海报：“李阳准备在星期五向全校师生讲授如何学好英语。”当你公开宣布要做一件事情的时候，知道的人越多，你就越不可能放弃。

演讲前的几天里，李阳每天花16个小时准备讲稿，弄得寝食不安。直到登台演讲前1小时，他还在犹豫要不要在黑板上写下“李阳病危，演讲取消”。最后的时刻到来了，他终于跌跌撞撞地走上了讲台。在他看来，那场演讲实在糟透了：前言不搭后语，根本没有什么演讲技巧。可是他的同学们还是给了他许多热烈的掌声，这让李阳充满了信心和力量。

在回忆这段日子的时候，李阳不无感慨地说道：“我的自信，也是花了多年时间慢慢摸索方法，渐渐建立起来的。”

要知道，一个人所具有的潜能和他在学习和生活中表现出来的能力并不总是1∶1的关系。很多人总是把自己的失败习惯性地归结为自身能力的不足。其实，即使在这些经常灰心丧气的人身上，也蕴藏着巨大的、远远超出常人想象的潜能——只不过，潜能的主人并没有意识到，或者意识到了，却不知该如何释放这些能量而已。

相反，那些特别乐观、特别自信的人总能不断地从自己身上找到前进的动力，总能设法让自己身体里的潜能超水平地发挥和释放出来。也就是说，从他们自身的潜能，到他们在学习、工作和生活中表现出来的能力，这个映射中似乎隐藏了一种神奇的“放大”效应。自信的人在困难、挫折面前，能冷静、沉着应对，而总认为自己“不行”的人，即使具备了足以成功的能力，也会因缺乏自信而失败！

亲爱的小读者，你就像一卷尚未打开的空白画卷，生命中的美丽需要你自己去发现，大胆地拿起那支画笔吧，让梦想在自信中成真，这样才能让你在生活的馈赠中满载而归。

怎样让自己信心百倍

男子汉通常都有一套方法，可以让自己在任何时候都信心百倍：

◎每天起床后，对着镜子里的自己微笑说：“今天我能行！”

◎拒绝邋遢和猥琐，衣着整齐、得体、大方，这会让自己更有信心。

◎当你走路的时候，抬头挺胸走快一点，你会感到自信心在滋长。因为你的步伐将会告诉整个世界：“我要到一个重要的地方，去做很重要的事情。”

◎要让你的眼睛为你工作，就是要让你的眼神正视别人，这不但能给你信心，也能为你赢得别人的信任。

◎从现在开始就尽量往前坐，并把它当成一个习惯。坐前面会比较显眼，但是，有关成功的一切都是显眼的。

◎不管是参加什么活动，只要需要，每次都要主动发言。如果尽量发言，就会增加信心，下次也更容易发言，这是补充信心的“维生素”。

◎和自己做比较，不和别人做比较。当自己有进步的时候，及时地鼓励自己，不要拿自己和别人比，永远都会存在比自己强的人。

◎要学会笑，笑容是提升信心的良药。记住半笑不笑是没有什么用的，要露齿大笑才能见功效。

◎每天睡觉前，记得对自己说：“干得不错，明天会更好。”

“杀不死我的，使我更坚强”

对于男孩来说，肯德基无疑是一个充满了诱惑的地方，和父母一块儿去那里享受一份热腾腾的炸鸡，再加上一份美味汉堡，心里别提多美了。

如果细心的话，你会发现，肯德基的墙壁上总是会有一个笑眯眯的可爱“老头”。我们的话题，也得从它开始说起。让我们先来看一段故事：

他静静地埋伏在草丛里，思索着。他研究过小女孩的习惯，知道她会在下午两三点钟从外公的家里出来玩。

为此他深深地痛恨自己。

尽管他的日子过得一塌糊涂，可他从来没有过绑架这种冷酷的念头。

然而此刻他却借着屋外树丛的掩护，躲在草丛中，等待着一个天真无邪、长着红头发的两岁小姑娘进入他的攻击范围。

这是漫长的等待，使他有时间去思考，或许哈伦德从前的日子都过得太匆忙了。

他父亲是印第安纳州的农民，去世时他才 5 岁。

他14岁时从格林伍德学校辍学，开始了流浪生涯。

他在农场干过杂活，干得很不开心。

当过电车售票员，也很不开心。

16岁时他谎报年龄参了军——而军旅生活也不顺心。

一年的服役期满后，他去了阿拉巴马州。开了个铁匠铺，不久就倒闭了。

随后他在南方铁路公司当上了机车司炉工。他很喜欢这份工作，以为终于找到了自己的位置。

他18岁时娶了媳妇，没想到仅过了几个月时间，在得知太太怀孕的同一天又被解雇了。

接着有一天，当他在外面忙着找工作时，太太卖了他们所有的财产逃回了娘家。

随后大萧条开始了。哈伦德并没有因为老是失败而放弃。别人也是这么说的，他确实努力过了。

有一次还是在铁路上工作的时候，他曾通过函授学习法律，但后来放弃了。

他卖过保险，也卖过轮胎。

他经营过一条渡船，还开过一家加油站，都失败了。认命吧，哈伦德永远也成功不了。

此刻，他躲在弗吉尼亚州若阿诺克郊外的草丛中，谋划着一次绑架行动。他观察过小女孩的习惯，知道她下午什么时候会出来玩。

可是，这一天，她没出来玩。因此他还是没能突破他一连串的失败。

后来，他成了考宾一家餐馆的主厨和洗瓶师。要不是那条新的公路刚好穿过那家餐馆，他会干得很好。

接着到了退休的年龄。

他并不是第一个，也不会是最后一个到了晚年还无以为耀的人。幸福鸟，或随便什么鸟，总是在不可企及的地方拍打着翅膀。他一直安分守己——除了那次未遂的绑架。

出于公正，必须说明的是，他只是想从离家出走的太太那儿绑架自己的女儿。

不过，母女俩后来回到了他身边。

时光飞逝。眼看一辈子都过去了，而他却一无所有。要不是有一天邮递员给他送来了他的第一份社会保险支票，他还不会意识到自己老了。

那天，哈伦德身上的什么东西愤怒了，觉醒了，爆发了。

政府很同情他。政府说，轮到你击球时你都没打中，不用再打了，该是放弃、退休的时候了。

他们寄给他一张退休金支票，说他“老”了。

他说：“呸！”

他气坏了。他收下了那张105美元的支票，并用它开创了新的事业。

今天，他的事业欣欣向荣。而他，也终于在88岁高龄大获成功。

他用他第一笔社会保险金创办的崭新事业正是肯德基家乡鸡。如今，你正享受着的美味鸡块，正是由这位老头儿创立的。

这个到该结束时才开始的人就是哈伦德·山德士上校。

其实，这个故事还有一种可能：

我们的主角山德士上校因为又一次的失败，放弃了所有的努力。他认命了。他收下了那张105美元的支票，从此过着饥寒交加的生活，孤独终老。

当然，山德士上校完全抛弃了这种选择，他用一个字驱散了所有的沮丧和无奈。

生活中，我们要始终保持一颗不断上进、敢于面对磨难的心，才能变得坚强。因为往往是那些拥有成功心态的人，才能战胜困难，走出困境。自己都被打败了，还有什么成功可言！

面对困难和挫折，不退缩，不放弃，坚持到底，把他们看做是生活的磨炼，摆脱消极和负面的情绪，冷静地分析失败的原因，从失败中吸取经验，这才是坚强的真实定义。一直以来，我都非常佩服山德士上校，不仅因为他是遍布世界的肯德基创始人，更因为他那种迎难而上、蔑视困难的男子汉气概。正如大哲学家尼采所说的："杀不死我的，使我更坚强。"这位百折不挠的白胡子老先生用他的行为印证着这句名言，他无疑是想要成为男子汉的男孩心中的最佳榜样。

有一个渴望自己能够成功的男孩，在他短短的人生旅途中却遭受了接二连三的打击和挫折。他处于崩溃的边缘，几乎就要绝望了。苦闷的他仍然心有不甘，下定决心去请教一位睿智的老人。

见到老人之后，他很恭敬地询问："您好，我想要让自己变得成功，可我得到的总是失败。老先生，我该怎样办才好呢？"

老人笑笑，转身拿出一个东西递给了男孩。

男孩吃惊地发现，自己手心里静静地躺着一颗花生。

看着男孩欲言又止的样子，老人问道："你有没有觉得它有什么特别之处呢？"

男孩凑上前去，睁大了眼睛仔细地看了一次又一次，却始终没有发现这颗花生和其他的花生有什么区别。

"请你用力捏捏它。"老人见男孩没有说话，摇了摇头示意道。

男孩伸出双手用力一捏，花生壳被自己捏碎了，只有红色的花生仁留在了手中。

"请你再搓搓它，看看会发生什么事。"老人捋着胡子又说，脸上带着微笑。

男孩虽然不解，但还是照着他的话做了，随着他轻轻的动作，花生红色的种皮也脱落了，只留下白白的果实。

看着手中的花生，男孩显然有些不知所措。

“再用手捏它。”老人目光炯炯地盯住了男孩，又一次下达了命令。

男孩用力一捏，但是他感觉到他的手指根本就无法将它毁坏。

“用手搓搓看。”

男孩又一次照做了，当然，什么也没搓下来。此时，那位睿智的老人已经闭上了眼，入定般再也不肯再说一句话了。

“虽屡遭挫折，却有一颗坚强的百折不挠的心，这就是成功的一大秘密啊！”男孩蓦然醒悟，自己遭遇过几次挫折就要崩溃绝望了，这样脆弱的心理又怎么能够成功呢？

很多男孩都会因为一时的失意和挫折而感到无地自容，各种各样的灰心和丧气会让他们变得低落、消沉。他们会因为这样或者那样的理由心灰意冷、怨天尤人，他们很少想过该怎样去面对困难，只是沉溺在失败中无法自拔。整个人都变得敏感起来，敏感到别人的一句无心之言，都像是一种嘲讽。

其实，挫折并没有什么大不了的，它是我们生活的一部分。所有的人都会遇到挫折，总是想着怎样才能避免挫折只会让我们丧失前进的勇气。挫折的价值在于我们能够从它那里学到什么。更多的时候，男子汉会将挫折当做自己的朋友，在它的帮助下，他们可以找到更好的解决方法，以便下次做得更好。

一个真正坚强的男子汉，在任何情况下，面对任何问题，都能及时调整自己的心理，用一种积极进取的心态面对工作、生活，而不会轻易放弃自己既定的目标。而意志薄弱的人，遇见错则容易退缩，最终难以实现自己的理想。

美国一位著名的篮球教练，受聘执教一个成绩很差的大学球队——这个球队刚刚因为连输了10场比赛而解雇了教练。

新来的教练向自己的队员灌输的观念是：“过去不等于未来”，“没有失败，只有暂时的挫折”，“过去的失败不算什么，这次是全新的开始”。

当第11场比赛打到中场时，这支常败队伍又落后了30分。休息时每个队员都垂头丧气，教练问道：“你们要放弃吗？”球员们嘴里喊着“不放弃”，可他们的动作分明已经表明承认失败了。

于是，教练就开始问：“各位，假如今天是篮球之神迈克尔·乔丹遇到连输10场，在第11场又落后30分的情况下，乔丹会放弃吗？”

队员道：“他不会放弃！”

教练又问：“假如今天是拳王阿里被打得鼻青脸肿，但在钟声还没有响起、比赛还没有结束的情况下，拳王阿里会不会放弃？”

队员答道：“不会！”

“假如发明大王爱迪生来打篮球，他遇到这种情况会不会放弃？”

球员回答：“不会！”

接着，教练问他们第四个问题：“米勒会不会放弃？”

这时全场非常安静，有人举手问：“米勒是什么人，怎么连听都没有听说过？”

教练微笑着回答道：“这个问题问得非常好，因为米勒在比赛的时候选择了放弃，所以你从来就没有听说过他的名字！”

所谓的命运，其实就掌握在每一个男孩自己的手里，每个男孩都有能力向命运挑战，并以自己的力量创造和改变自己的命运。所有的男子汉都是由不成熟到成熟的，这是每个男子汉必须经历的一段复杂程序。亲爱的小读者们，请一定学着在旅途中变得坚强，杀不死你的，会使你更坚强！

摆脱消极情绪，让自己更坚强

◎深呼吸，让自己变得空白。

◎把你所有的体会和感受写下来，在日记本上释放所有的郁闷。

◎和老爸、老妈或者好朋友谈一谈，不要让消极情绪把你捆得死死的。

◎去操场上或找一块空旷的地方快跑，让风迎面吹来，直到筋疲力尽，随意找个地方休息。

◎转移自己的注意力，可以听音乐，先听一些低沉的，然后听一些轻快的，最后听热情奔放的，根据你的心情主动调整音乐。

◎放松自己，泡个热水澡，泡在热腾腾的浴池中，或者坐在水温较高的喷头下，什么也不要做，试着将头脑里的杂念释放出去。

生活是面镜子，你笑它也笑

一个冒号，一个连字符，再加上半边小括号“：-）”。对于男孩来说，这个符号可不陌生，不管是网络聊天还是手机短信，就是这样一个小小的符号，却能表达出快乐、喜悦和安慰——它就是著名的“微笑”符号。

如果让你来做一个简单的选择题，选择是“高高兴兴一辈子”，还是“愁眉苦脸一辈子”的话。我相信，任何一个男孩都会毫不犹豫地在第一个选择上打个钩。没错，面对任何一件事情，快乐的权利最终还是由自己来决定的。据说，汉字中的“笑”字就是依照风吹竹子的样子设计的。你看那风中摇动的青竹，它那弯下来的样子是不是像极了人的笑容？

曾经听过这样一个故事：

从前，有个老婆婆总是不停地在一座庙前哭泣，晴天哭，雨天也哭。人们都叫她哭婆婆。

一天， 有个老和尚问她：“老人家，你为什么哭得这么伤心？”

老婆婆说：“我有两个儿子，大儿子卖伞，小儿子卖鞋。天晴的时候，大儿子的雨伞卖不出去；下雨天的时候，又没有人去买小儿子的鞋子。他们挣不到钱，可怎么生活呀！一想到这些我就难过，人呀，怎么这么难！”

说完，老婆婆又悲悲切切地哭了起来。

老和尚觉得很是奇怪，他发问道：“老婆婆，你为什么不反过来想呢？晴天，小儿子的鞋店前门庭若市；雨天，上街的行人又都往你大儿子的伞铺里跑。这样不是就不难受了吗？”

老婆婆觉得他的话有道理，便听从了他的劝告。从此以后，她天天笑得合不拢嘴，哭婆婆变成了笑婆婆。

小时候看《水浒传》，每当看到“笑逐颜开”的时候，我怎么都无法理解：为什么这个词会用来形容高兴，明明笑容都被赶跑了，还有什么可高兴的！长大一点以后，我才明白，“逐”并不是“赶走”，而是“驱使”。笑容使得整个面容都舒展开来，这是一件多么放松而惬意的事情——就像故事里的老婆婆一样，当她转变了心态开怀大笑的时候，就会有一种神奇的魔力改变她的生活。

在镇子中心的大树下，一位白发苍苍的老人正自得其乐地躺在摇椅上。在他的身边，一户刚刚从外地搬来的人家正在忙碌着。

显然，这家的两个男孩对于新家显得兴趣十足。他们绕着自己的房子跑了又跑，一会儿出现在阳台上，一会儿又跑进了花园里，整个院子里都响起他们那响亮的笑声，直到很久以后，才慢慢地安静下来。

老人闭着眼睛享受着难得的安谧，忽然，一个声音在他的耳边响起。他悠然地睁开眼睛，眼前出现了一个小男孩，看起来调皮的小弟弟还是忍不住跑了出来。小男孩不客气地问道：“爷爷，这里的男孩是怎么样的呢？”

老人抬头看了看小男孩，回答道：“那么，你以前镇子上的男孩都怎么样呢？”

男孩的眼睛骨碌骨碌转个不停，他毫不犹豫地脱口而出：“他们自私、刻薄、毫无礼貌，没有一个愿意帮助人！”

“恐怕你得失望了，”老人回答道，“这个镇子上的男孩和他们完全一样。”

过了一会儿，又一个男孩跑了出来。显然，这次出现的是上一个男孩的哥哥，他看了看树阴下的老爷爷，走了过去，轻轻地问：“老爷爷，您好！”

老人微微笑了一下，问道：“孩子，你有什么事儿吗？”

“您能告诉我这个镇子上的男孩是怎么样的吗？我听说这里的男孩都不大好！”

老人微微摇了摇头，又一次反问道：“在你原来居住的镇上，那些男孩都是怎么样的呢？”

“他们都是一些特别棒的男孩！我在那儿开心极了，他们和善、慷慨、乐于助人。”

“哦，”老人似乎很满意这个回答，“你很幸运，这里的男孩和你原来地方的男孩一样，他们会和你成为好朋友的！”

一个心态积极的人所看到的一切都是美好的，这就是为什么同样一个问题在老人那里却有两个回答的原因。

很多男孩的嘴里都会冒出类似“如果……我才会快乐”的口头禅，他们认为只有遇到好事儿的时候才会开心，遇到坏事儿的时候就会难受。这种想法其实并不正确。快乐并没有附加值，我们之所以会产生各种各样的情绪，并不是因为我们遭遇的事件本身，而是在于我们每个人对于事情的看法。即使是同一件事情，看法不同产生的情绪也不一样。

看过一则小品文，或许对你有所启发：

有个美国年轻人，碰上服兵役选兵种，抽签的结果，正好抽中最艰苦的兵种——海军陆战队。

年轻人为此忧心忡忡，每天长吁短叹，几乎到了茶不思、饭不想的地步。年轻人的祖父是一位有智慧的老者，他见到自己的孙子这副模样很是好笑，便想好好地开导他。

把年轻人叫到身边后，老人不疾不徐地说道：“孩子啊，没什么好担心的。当了海军陆战队，到部队中，还有两个机会，一个是内勤职务，另一个是外勤职务。如果你分发到内勤单位，也就什么好担心的了！”

年轻人急问道：“那，若是被分发到外勤单位呢？”

“那还有两个机会，一个是留在本岛，另一个是分发外岛。如果你分发在本岛，也不用担心呀！”老人脸上看不出有任何的异样来。

年轻人问道："那，若是分发到外岛呢？"

老人没有犹豫，回答道："那还是有两个机会，一个是后方，另一个是分发到最前线。如果你留在外岛的后方单位，也是很轻松的！"

年轻人又问："那，若是分发到最前线呢？"

老人瞥了一眼自己孙子焦虑的样子，不疾不徐地回答道："那还是有两个机会，一个是站岗卫兵，平安退伍；另一个是会遇上意外事故。如果你能平安退伍，又有什么好怕的！"

年轻人显然想到了什么，追问道："那么，假如遇上意外事故呢？"

"那还是有两个机会，一个是受轻伤，可能送回本岛；另一个是受了重伤，可能不治。如果你受了轻伤，送回本岛，也不用担心呀！"

自己最恐惧的事情来了，年轻人颤声问："那……假如是遇上后者呢？"

老人大笑："假如遇上那种情况，你人都死了，还有什么好担心的？倒是我要担心，那种白发人送黑发人的痛苦场面，可不是好玩的喔！"

当不快乐的事情发生时，不快乐的心情也会油然而生，有的人习惯了凡事只看到坏的一面，结果越是往不利的一面想，就越是陷入一个怪圈之中。其实，就像一张白纸有正反两面，快乐和不快乐原本就是存在的。与其和自己过不去，还不如多往好的地方想呢！

有一句话说得好：生活就像一面镜子，你朝它笑，它也会朝你笑；如果你锁紧眉头，向它投以怀疑的目光，它也将还你同样的目光。

我的一位朋友，也是一位大男孩，在他大学毕业以后，曾经向自己的母亲抱怨：“我觉得自己整天奔波，被金钱所困，疲惫、紧张，而且不快乐。天哪，你们是怎样度过这几十年来被金钱奴役的日子的，我快熬不下去了。”

他还特意给母亲发了一份“财政清单”：

每月计：房租（与人合租）500元、伙食300元、水果100元、衣服200元、健康保险500元、交往人情200元、电话费和上网费200元、远足及公园门票100元。

收入1700元－支出1900元＝－200元

他的母亲很快就回信了，只有一张纸：

“孩子，你为什么要沮丧呢？在你的财政产生负数时，你并没有打电话回家要钱，你通过自己的努力自食其力，你处理得很棒。你已经长大了，我和你父亲为你骄傲！还有，孩子，最好的东西也不是只有金钱才能得到。换一种心态，你会发现快乐就在琐事中。

“关于房租，一个友好的舍友给你增长的见识和帮助，免费的！

“关于伙食，自己动手烹调可以节省大量开支，而带来的成就感，免费的！

“关于水果，买水果路上可以欣赏街头美景，与人们交流生活经验，免费的！

“关于保险，为自己健康投资养成的消费好习惯，免费的！

“关于交往，认识新朋友，遇见老朋友的好心情，免费的！

“关于远足，公园门票有些贵，但你可以早点起床锻炼身体，跑步，呼吸新鲜空气，幸运的话可以看见日出，这样壮丽的景色，免费的！

“打电话，如果你有什么烦恼，打电话回家吧，要知道，我和你爸永远都关心你，支持你，我们对你的爱，也是免费的。”

美国男孩眼里的开心时刻

◎在一条漂亮的公路上开车；

◎听收音机里播放自己最喜欢的歌曲；

◎躺在床上静静地聆听窗外的雨声；

◎傻笑；

◎一次愉快的谈话；

◎在沙滩上晒太阳；

◎在去年冬天穿过的衣服里发现 10 美元；

◎在细雨中奔跑；

◎没有任何理由地开怀大笑；

◎刚听了一个绝妙的幽默故事；

◎有很多好朋友；

◎无意中听到别人正在称赞你；

◎成为团队中的一分子；

◎交新朋友或和老朋友在一起；

◎与室友彻夜长谈；

◎一边吃着甜饼喝着红酒，一边为家人和朋友包装圣诞礼物；

◎赢得一场精彩的棒球或篮球比赛；

◎ 看到朋友的微笑，听到他们的笑声；

◎ 第一次登台表演，又紧张又快乐的感觉。

TIP

男孩秘制快乐食谱：

配料：一杯友谊、两勺善良、三碟宽容、四碗理解、五杯关怀、六勺希望、七袋诚挚、八罐信任、九份努力、十份尊重，外加一桶笑声。

烹调方法：取关怀和诚挚，与信任充分搅拌，然后将努力、善良宽容和理解加入，添上友谊和希望，洒上大量笑声，同阳光一块烘烤，每天食用一份。

尊重自己，别人才会尊重你

亲爱的小读者，请你仔细地回答下面两个问题：

我真的喜欢自己吗？

我认为自己是一个了不起的男孩，我正在做的事有价值吗？

大多数男孩会很快反应过来“我喜欢我自己”，可是仔细想想，他们又会变得不那么喜欢自己了——自己身上有那么多的缺点，怎么能让人喜欢得起来呢？

《哈佛家训》是很多男孩熟悉的一本书，里面有这样一个故事：

有一位名叫罗斯恰尔斯的犹太人，在耶路撒冷开了一家名为“芬克斯”的酒吧。酒吧的面积不大，只有30平方米，但是却名声远扬。有一天，他接到一个电话，那人用十分委婉的口气和他商量说：“我有10个随从，他们将和我一起前往你的酒吧。为了方便，你能谢绝其他顾客吗？”罗斯恰尔斯毫不犹豫地说：“我欢迎你们来，但要谢绝其他顾客，这不可能。”

打电话的不是别人，是美国国务卿基辛格博士。他是在访问中东的议程即将结束时，在别人的推荐下，才打算到“芬克斯”酒吧的。

基辛格最后坦言告诉他：“我是出访中东的美国国务卿，我希望你能考虑一下我的要求。”罗斯恰尔斯礼貌地对他说：“先生，您愿意光临本店，我深感荣幸。但是，因您的缘故而将其他人拒之门外，我无论如何也办不到。”

基辛格博士听后，摔掉了手中的电话。

第二天傍晚，罗斯恰尔斯又接到了基辛格的电话。首先他对昨天的失礼表示歉意，说明天只打算带三个人来，只定一桌，并且不必谢绝其他客人。

罗斯恰尔斯说：“非常感谢您，但是我还是无法满足您的要求。”

基辛格很意外，问：“为什么？”

“对不起，先生，明天是星期六，本店休息。”

“可是，后天我就要回美国了，您能否破例一次呢？”

罗斯恰尔斯很诚恳地说：“不行，我是犹太人，您该知道礼拜六是个神圣的日子，如果经营，那是对神的玷污。”

基辛格无言以对，他只好无奈地离开了耶路撒冷，至今也没能在中东享受这家小酒吧的服务。

这个故事，可能很多人不信，但事实确实这样。这家小酒吧连续多年被美国《新闻周刊》列入世界最佳酒吧前15名。一个只有30平方米的小酒吧，竟能享受如此之高的美誉，的确令人惊讶。但当你读过并相信了这个故事之后，恐怕对其中原因就不言自明了。

酒吧的主人罗斯恰尔斯之所以可以毫不犹豫地拒绝基辛格，是因为在他的内心深处有一种力量。这种力量让罗斯恰尔斯在需要拒绝的时候，勇于拒绝包括基辛格那样的高官和权贵在内的任何人——这种力量的名字叫做“自尊”。

简单地说，自尊就类似一种衡量你如何看待自己的尺度，就是一种认定自己有能力应付人生挑战、应该幸福愉快的气质，你既不用向别人卑躬屈膝，也不允许别人歧视、侮辱你。没有人会用生命来换取金钱，却可以用来赢得尊严。

法国著名的将军狄龙在他的回忆录中讲过这样一件事：

那是一战期间的一场恶战，我带领第80步兵团进攻一个城堡，遭到了敌人的顽强抵抗。我们的步兵团被对方火力压制得无法前行。我情急之下大声对自己的部下喊：“谁能设法炸毁城堡，谁就能得到1000法郎。”原本，我以为士兵们肯定会前仆后继地向前冲，结果却没有一位士兵冲向城堡。我大声责骂部下懦弱，有辱法兰西的军威。

这时，一位军士长站出来大声对我说：“报告长官，要是你不提悬赏，我们全体士兵都会发起冲锋。”我恍然大悟，向士兵们发了另外一个命令：“全体士兵，为了法兰西，前进！”结果，整个步兵团都从掩体里冲出来，我们获得了胜利，而我们全团1194名士兵只有90人生还。

在你的成长过程中，你的长辈会给你许多关于“你是什么人”的信号。有些信号是鼓励性的，充满关爱和肯定，他们可能这样说“你是我的骄傲”“你是个聪明的孩子”“只要你肯努力，任何事情你都能成功”；有些则充斥着一些不满和负面的情绪，你可能听到过“你怎么做这么蠢的事？”“你就没做过对事儿”“你做不好任何事”诸如此类的话。还记得每一次听到这些话时，你是怎样想自己的，你的感觉是怎么样的吗？其实，你今天的自尊水平，就是从那时起，由你对自己的想法和感觉积累而成的，是以此为基础的。

有一个生长在孤儿院的男孩常常伤心地问院长：“像我这样没人要的孩子，活着究竟有什么意思呢？”院长总是笑而不答。有一天，院长交给男孩一块石头，说：“明天早上，你把这块石头拿到市场上去卖，但不是真卖。记住，无论别人出多少钱，绝对不能卖。”

第二天，男孩蹲在市场角落，意外的有很多人向他买那块石头，而且价钱愈出愈高。回到孤儿院，男孩兴奋地向院长报告，院长笑笑，要他明天拿到黄金市场上去卖。在黄金市场，竟有人出比昨天高十倍的价钱买那块石头。最后，院长叫男孩把石头拿到宝石市场上去展示。结果，石头的价格较昨天又涨了十倍，但由于男孩怎么都不卖，竟被传为稀世珍宝。男孩兴冲冲地捧着石头回到孤儿院，将这一切告诉院长。

院长望着男孩，徐徐说道："生命的价值就像这块石头一样，在不同的环境下就会有不同的意义。一块不起眼的石头，由于你的珍惜而提升了它的价值，被说成稀世珍宝。你不就像这石头一样吗？只要自己看重自己，自我珍惜，生命就有价值，生命就有意义。"

许多男孩一开始的时候喜欢自己，可当他们想起自己身上某些不那么令人满意的地方时，就会被这种不满的情绪影响，从而让自己慢慢地丧失了自尊心。其实，每个人的身上都可能有不尽如人意的地方，但我们自己尊重自己，就可能赢得别人的尊重。

很喜欢《当幸福来敲门》这部电影，尤其喜欢男主人公加纳因为交不起房租，带着儿子在地铁站的厕所里面过夜的那一段。当加纳踢开公共厕所的门，哄着孩子入睡。然后他顶着厕所的门，翻开书，准备他的入职考试，他的脸上满是坚毅。他告诉自己的儿子：

如果你有梦想的话，就要去捍卫它。当别人做不到什么的时候，他们就会告诉你，你也不能。如果你想要些什么，就得努力争取。

对于落魄到被房东赶出房子，流落街头的父子俩来说，这句话同样可以这样理解：如果你有自己的尊严的话，请你一定去捍卫它。不管别人怎么说、怎么做，如果你想成为一个有自尊的人，就得依靠自己的努力去争取。

很久以前，一位挪威的青年男子漂洋过海来到法国，他要报考著名的巴黎音乐学院。考试的时候，尽管他竭力将自己的水平发挥到最佳状态，但主考官还是没能看中他。

身无分文的男子来到学院外不远处一条繁华的街上，勒紧裤带在一棵榕树下拉起了手中的琴。他拉了一曲又一曲，吸引了无数人的驻足聆听。饥饿的男子最终捧起自己的琴盒，围观的人们纷纷掏钱放入琴盒。

一个无赖鄙夷地将钱扔在青年男子的脚下。青年男子看了看无赖，最终弯下腰拾起地上的钱递给无赖说：“先生，您的钱丢在了地上。”无赖接过钱，重新扔在青年男子的脚下，再次傲慢地说：“这钱已经是你的了，你必须收下！”青年男子再次看了看无赖，深深地对他鞠了个躬说：“先生，谢谢您的资助！刚才您掉了钱，我弯腰为您捡起。现在我的钱掉在了地上，麻烦您也为我捡起！”

无赖被青年男子出乎意料的举动震撼了，最终捡起地上的钱放入青年男子的琴盒，然后灰溜溜地走了。围观者中有双眼睛一直默默关注着青年男子，是刚才的那位主考官。他将青年男子带回学院，最终录取了他。这位青年男子叫比尔·撒丁，后来他成为挪威小有名气的音乐家，他的代表作是《挺起你的胸膛》。

没有了财富，可以依靠双手和智慧去创造，可要是没有了自尊，那就什么都没有了。越是处于困境，越是要挺起自己的胸膛，维护自己的尊严。只有这样，才能赢得别人的尊重和帮助。

一分诚实比一吨智慧还重

先来看一则故事：

从前，有个地方闹饥荒。一位富有的面包师把城里最穷的20个小孩召唤来，对他们说："孩子们，这个篮子里的面包你们一人一条，在上帝带来好光景前，你们每天都可以来拿一条面包。"

这些饥饿的孩子蜂拥而上，围住篮子你推我攘，因为他们每人都想拿到最大的面包。最后，当他们拿到了面包，也没有向这位好心的面包师说声谢谢，就走了。

但是格林琴，这位衣着贫寒的小姑娘，既没有同大家一起吵闹，也没有与其他人争抢。她只是谦让地站在一步之外，等那些孩子们离去以后，才拿起剩在篮子里最小的一条面包。她还亲吻了面包师的手以表示感谢，然后才走回家去。

第二天，那些孩子同先前一样抢在前面。而可怜的小格林琴只得到了一条比头一天还小一半的面包。当她回家以后，妈妈切开面包，许多崭新、发亮的银币掉了出来。

妈妈惊奇地叫道："立即把钱送回去，一定是那位面包师揉面的时候不小心揉进去的。赶快去，格林琴，赶快去……"当小姑娘把妈妈的话告诉面包师的时候，面包师说：“不，不，我的孩子，这没有错。是我把银币放进小面包里的，我要奖励你。愿你永远保持现在这样一颗平安、感恩的心。回家去吧，告诉你妈妈这些钱是你的了。”

诚实是比金子还要宝贵的东西。男子汉大丈夫，就得一言九鼎，答应了别人的事，就必须言出必行。哈佛大学是美国的最高学府之一，在它的校徽上面，就刻着两个字：“诚实”。在哈佛大学里，就连新生入学后学的第一堂课的内容，也和诚实有关。人与人之间的交往，依赖的是相互信任，一旦这份信任有了裂痕，就很难弥补。只有以诚待人，才能获得别人长久的信任。

小时候玩藏猫猫时，寻找的男孩总是狡黠地大喊：“藏好了没有？”每每听到这样的问话，我总会老老实实地回答：“藏好了！”一声“藏好了”不经意地泄露了全部的秘密，寻找的男孩循声追来，很快就把我从墙角里拉出来。

“直到现在，当年的小伙伴们谈起这件事来仍然是兴趣盎然。在他们眼里，我是一个值得交往的朋友。诚实，让我获得了那么多人的信任，真是出于意料之外，又在情理之中。”

一个意大利死刑犯被处死前要求去见母亲一面，国王批准了他的请求，条件是：他必须找一个人来代替他坐牢。他的一个朋友达斯愿意替他坐牢。

行刑的日子到了，可是死刑犯还没有回来，只好由达斯替他去死。时辰到了，绞索已套在了达斯的脖子上，就在这千钧一发的时刻，死刑犯飞奔而来，冲上刑台和达斯紧紧地拥抱在一起。国王知道了这个消息，赦免了死刑犯，并且重赏了那位忠心的朋友达斯。

19世纪英国浪漫主义诗人塞缪尔·科尔里奇曾教导自己的儿子：“当你做错什么事情的时候，就应该像个男子汉立刻去承认错误。你的抱歉也许体现出你的愚拙，但是，他们却能够猜测得到你是一个非常诚实的人。一分诚实，要远比一吨智慧强得多。我们可能因某人的聪明和智慧而羡慕他，但我们更因他所具有的美好品质而尊敬他、爱戴他。坚持真理，襟怀坦白，诚以待人，朴实无华，是造就美好的基石。”

提起印度，许多人马上就会联想到一位苦行僧式的人，这个人剃着光头，上身赤裸，皮肤黝黑，不管走到哪里，总是随身携带着一架木制纺纱机，一有空就纺起纱来。这个人就是印度独立运动领导人“圣雄”甘地。

在印度有许多关于甘地的逸事，其中有一则是这样说的：

甘地小时候并不聪明，从小学到中学，他的成绩都不是很好。有一天，一位督学到甘地的学校检测学生的英文水平。他让学生们听写了5个英语单词，甘地写对了4个，就是“茶壶”这个词不会拼。正当甘地皱着眉头冥思苦想的时候，老师刚好走到他旁边。老师用脚尖轻轻地碰了一下他的椅脚，暗示他去偷看旁边同学的卷子，可甘地继续低着头想，不愿看别人的答案。

结果，大家都考了满分，只有甘地一个人考了80分。督学走后，老师把甘地叫到面前，说：“傻孩子，偶尔作弊一次又有什么关系呢？如果你也能拿满分的话，我们就可以受到表扬了。”甘地并不这样想，他坚持认为自己那样做是正确的，抄袭就是不对，倒是老师让他作弊，让他感到非常难过。

诚实的人心底坦荡，他们目光清澈、无所畏惧；相反，说谎的人则畏畏缩缩，他们就像一只丑陋的蜘蛛，躲在角落里向外窥探，为一个谎言编织另一个谎言，直到自己那张承载着一个又一个谎言的巨网变得越来越大。

下面的这些方法能够让你更加理解该怎样坚持诚信。

诚实的核心是善，做一个诚信的人。对诚信的理解应与具体的情境结合起来，在生活中做出正确的选择。

我们要对人诚实，尊重他人隐私。一方面，“以诚待人，以信交友”是人际交往的基本原则；另一方面，尊重隐私又是待人坦诚的前提，是维持良好关系、有效沟通的基础。

做诚实的人就不应该撒谎。在特定的交往情境中，有时需要我们隐瞒事情的某些真相，说些“善意的谎言”。但这不是出于个人的“私利”，而恰恰是维护对方利益的需要，善意的谎言并不违背诚实的道德。

下面这首诗，愿与你共享：

诚信，是一棵茂盛的大树，让你享受它的荫蔽；
诚信，是一片蔚蓝的天空，让你拥有它的广阔；
诚信，是一笔无形资产，让你享用一生；
诚信，是一株常青藤，染绿了春夏秋冬。
拥有诚信，一根小小的火柴可以燃亮一片心空；
拥有诚信，一片小小的叶子，可以倾倒一个季节；
拥有诚信，一朵小小的浪花，可以飞溅起整个海洋。
如果说人生是一列奔驰的列车，那么诚信便是必不可少的轮子；
如果说人生是一次航行中的大船，那么诚信便是必不可少的帆；

如果说成功是一株枝繁叶茂的大树，那么诚信必是时刻浇灌它的甘露；

如果说成功是美丽的天使，那么诚信必是那天使的翅膀。

泄露说谎秘密的小动作

◎说谎的人很难控制自己眼球的运动方向。以右撇子为例，如果他是在回忆某件确实发生的事，眼球会向右上方运动。反之，如果他是在编造某件事，眼球则会向左上方运动。另外，眨眼次数高于平常，也代表对方正在说谎。

◎嘴巴里吐出的不一定是真话，但肢体语言却往往不受控制。说谎的人往往有摆弄手指、摸耳朵、耸肩膀等细微的动作。比如说，男人的鼻子里有海绵组织，当他想隐瞒什么，鼻子就会开始痒，此时他就会下意识地摸鼻子。

◎构建谎言并非易事，说谎者会精心打造虚拟事件的来龙去脉，但是因为并没有真实经历过，所以当你听过正叙的情节后，再请他以倒叙的方式重新讲述。一般情况下，不存在的事件很难毫无差错地被倒叙成功。

◎因为要掩饰内心的慌张与虚弱，大多数人说谎的时候，声调会不自觉地上扬，同时还可能音量变大、语速变快。在陈述事情经过时，说谎者往往会省略说“我”或者自己的姓名，因为谎言会让他感觉到不自然，于是本能地把自己剔除出去。

学会分享，让心灵变得豁达

曾经听过这样一个故事：

4个小贩——一个卖饼的，一个卖西瓜的，一个卖辣豆干的，还有一个卖杨梅的——他们因为大雨的缘故躲在一间破庙里。

4个人谁都没有卖出一件货物，担子里满满地放着货物。他们就那么坐在屋檐下，看着雨水一滴一滴地从破裂的屋檐上掉落，在地上打出一个又一个小洞来。

他们冷漠地看着自己周围的“同伴”，抛过一个冷冷的眼神，随即又躲了开来。破庙里面充满了一种奇异的氛围，就像同时容纳了4个不同的气场一样。他们觉得这样很好，4个人，互不认识，互不干扰。

也许是因为饥饿，卖饼的小贩拿出一块烤饼，吃了起来，热腾腾的烤饼早已变得冰冷，咬起来也有些硬邦邦的，不过反正卖不掉，吃吃也无妨。

卖西瓜的似乎也被打动了，他从货担里捡出一个西瓜来，用手敲开，熟透了的瓜瓤显得格外诱人，他毫不犹豫地吃了起来。

自然，卖辣豆干的和卖杨梅的也纷纷开始吃了起来。

在这间小庙里，除了雨水的声音外，又增加了4种新的声音，每个人都竭力发出在他们看来最香甜的声音，可无论怎么听，都像是一曲不大和谐的音乐。于是，4个人愈加卖力地吃了起来。最后，卖饼的吃得口干舌燥，卖西瓜的吃得肚子圆鼓，卖辣豆干的吃得面红耳赤，卖杨梅的吃得一脸苦笑。

雨水也慢慢地变小了，这时4个年轻人从雨中冲了过来，他们从4个小贩那里买齐了4样东西，坐在附近的亭子里吃了起来，有香有辣，酸酸甜甜，味道好极了。

4个小贩，你看看你，我看看我，一句话也说不出来。

4个小贩原本可以坐在一起，并彼此分享着自己的商品，开开心心地等雨停下，而不是面面相觑地呆坐着。分享，真的是一件那么困难的事吗？

新东方的创始人俞敏洪讲过一个很有意思的故事：

有个男孩住校的时候每周都会从家里带回6个苹果。起初，寝室里的其余5个人认为这些苹果是一人一个分着吃的。出人意料的是，那个男孩并没有把苹果分给他们，而是自顾自地每天吃掉一个。这样一来，其他的几个人虽然和那个男孩的关系不错，却也不会主动跟他要。久而久之，他们之间变得疏远了，因为那个男孩给其他人留下了自私和小气的印象。

再后来，这些男孩纷纷毕业，他们各自有了自己的工作。那个曾经每周带苹果回寝室的男孩找到了一个可以获得丰厚回报的项目，由于资金不足，他想和自己的室友一起创业。可是，他打了无数个电话，都被委婉地拒绝了。因为在他们的心目中，都难以抹去关于6个苹果的记忆。

对于这个故事，俞敏洪是这样解释的：“当你拥有6个苹果的时候，千万不要把它们都吃掉，因为你把6个苹果全都吃掉，你也只吃到了6个苹果，只吃到了一种味道，那就是苹果的味道。如果你把6个苹果中的5个拿出来给别人吃，尽管表面上你丢了5个苹果，但实际上你却得到了其他5个人的友情和好感。以后你还能得到更多，当别人有了别的水果的时候，也一定会和你分享，你会从这个人手里得到一个橘子，那个人手里得到一个梨，最后你可能就得到了6种不同的水果，6种不同的味道，6种不同的颜色，6个人的友谊。人一定要学会用你拥有的东西去换取对你来说更加重要和丰富的东西。”

谁都希望自已能够快乐，可是，什么才是快乐呢？种类繁多的食物、琳琅满目的玩具，它们已经没有办法再给我们带来惊喜和快乐。快乐是要在和人分享食物、分享玩具、分享快乐、分享痛苦的过程中建立起来的。分享即是共享，蓝天白云，花儿盛开，我们和大自然共享阳光雨露。一块蛋糕，分享了，我们才能共享它的甜美；一本好书，分享了，我们才能体味它的趣味。快乐分享了，就能共享加倍的快乐，痛苦分享了，男孩才能真正学会成长。

有一个青年，在家人的帮助下，开了一家鲜花店。

起初，花店的生意还不错。可是后来，他的花店旁边又出现一家新的花店，这让他变得很紧张：这家花店一开张，我家的生意不就受影响了吗？正在他准备想办法挤走对方的时候，旁边这家花店的边上又新开一家花店。青年急得眼睛都红了，他找来了几个好朋友，准备做些出格的事情，把这些花店赶走。

青年的父亲知道后，及时地制止了他们，并告诉他们："把荆棘给对方，自己的手里只会留下伤痕；如果将鲜花送给对方，自己的手里将留下清香。送给对手一朵绚丽的花，并且给这朵花开放的空间，这也是在灿烂自己，你们拥有的将是一片常开不败的花海。"

青年听从了父亲的教诲，将对手变成帮手，互相扶持、有序竞争，很快在这里形成了一个品牌，产生了一种意想不到的效应，生意竟然比过去任何时候都要多。

快乐要懂得共享，才能加倍快乐。一个乐队永远只会有一个主提琴手，但是不同的乐器却能够一起弹奏同一曲音乐；一个班级只会有一个第一名，可是成长的游戏却有很多个赢家。每一个人都可以成为篮球第一，足球第一，书法第一，自信的第一。当我们遇到开心的事时，和朋友一块分享，他们会为你开心，和你一同快乐，让更多的朋友拥有更多的快乐，你会感觉到自己是那样的幸福，因为有那么多的好朋友在陪着你。

同样的，分享可以将压力减半。当你遭遇挫折时，找个人诉说，心里的不快就有宣泄的地方了。即使对方帮不上你什么忙，你也会感到轻松。要知道，快乐和痛苦都需要有人分享。烦恼的分享，不用多说，它让一个人不再孤独，更会有一种力量，让你排除生活和学习中的困难。没有人分享的生活，无论是快乐还是痛苦，都是一种惩罚。

有一个流传很广的小故事：

有一位犹太教的长老，他酷爱打高尔夫球。

在一个安息日，他觉得手很痒，想要去挥杆，但是犹太教规定信徒在安息日这一天里只能休息，不能做别的事情。

这位长老最终没能忍住，决定偷偷打球去。这件事被天使发现了，他生气地找到上帝，希望上帝能够惩罚这位不守规矩的长老。

上帝微微一笑，示意天使继续观察。

天使惊讶地发现，这位长老在高尔夫球场上的成绩简直可以比拟职业选手，几乎所有的球都是一杆进洞。最后，这位长老整整打了18个洞，成绩比任何一位世界级的高尔夫球手都要优秀。天使气愤地问道："上帝，您就是这样惩罚这位长老的吗？"

上帝不疾不徐地回答道："你想，有着那么惊人的成绩却不能和别人分享，这是一件多么痛苦的事情啊？"

还有一则小故事也和上帝有关：

有一天，上帝派了一名天使视察地狱。天使看见地狱里的人手里拿着一只1米长的勺子，勺子里有很可口的食物，可是地狱里的人却饿得面黄肌瘦、不成人样。原来是勺子太长，饿得发疯的人们怎么也送不到嘴里。够不着洒到地上，马上就不见了，于是地狱里的人就始终重复着这种舀食物——够不着吃——洒到地上——然后消失的悲惨生活。

天使回到了天堂。他发现，天堂的人也是一米长的勺子，也是同样可口的食物，但是天堂的人却个个容光焕发，神采飞扬！天堂的人与人之间，友好和善，非常快乐和谐地生活在一起，如此天壤之别，唯一不同的就是天堂的人不是将勺子喂给自己，而是彼此为别人喂吃，一米的距离就变成了人与人之间的零距离。

谁都不会愿意在快乐来临的时候做一个孤家寡人。在生活中我们并不孤独，因为我们有自己的父母、朋友、老师和同学，有了他们的陪伴，有了能够和自己一起分享阳光、分担风雨的人，这让我们满怀幸福。

人生总在播种、劳作后收获，可是一定不要忘记，收获之后还有分享。所以，我们应该学会和他人分享，哪怕只是小小的一点儿喜悦，与他人分享，带给别人快乐，自己的快乐也会放大很多倍。在你快乐着的时候，不要忘了将自己的情感和你身边的朋友以及所有关心你的人一起分享。

当你上学的时候

对于男孩来说，上学可是一件了不起的大事，有新奇，有惊喜，也有担心，有害怕。在学校里，你将认识很多的新朋友，学到很多的新知识。当然，你也会遇到一些困难和问题。如果你发现自己不能解决这些烦恼的话，看看下面的内容或是向长辈求助吧。要相信你自己，一定能够解决面前的所有难题，因为你是一个了不起的男子汉！

给自己列个“优点单”

我们先来介绍一位大师：

这位大师身兼画家、寓言家、雕塑家、发明家、哲学家、音乐家、医学家、生物学家、地理学家、建筑工程师和军事工程师于一身。在他逝世之后的500年里，人类一直没有停止对他进行研究与探索，很多国家设立了专门研究他的机构，他的祖国意大利更是把他作为文化的象征，在这个国家，无论是红酒、家具，还是餐厅、酒店、机场，到处都可以看到以他的名字命名的事物。意大利著名品牌“老人头”也是以他的自画像作为Logo的。

聪明的你，一定早就已经猜到了。

没错，他就是达·芬奇。

下面请你来看一封信，当然，这不是一封普通的求职信，这是一封由达·芬奇写给米兰大公——当时米兰的最高统治者鲁多维柯斯弗查的求职信。

尊敬的大公阁下：

来自佛罗伦萨的作战机械发明者达·芬奇，希望能够成为您的军事工程师，同时请求能拜见阁下，以便面陈机密。

一、我能建造坚固、轻便而且耐用的桥梁，它们可用来野外行军。这种桥梁的组装和拆卸很方便。同样的，我也能破坏敌军的桥梁。

二、我能制造出围攻城池的云梯和其他类似的器械。

三、我能制造一种易于搬运的大炮，可用来投射小石块，犹如下冰雹一般，可以给敌军造成重大损失和混乱。

四、我能制造出装有大炮的铁甲车，可用来冲破敌军密集的队伍，为您军队的进攻开辟道路。

五、我能设计出各种地道，无论是直的还是弯的，必要时我还可以找出在河流下面挖地道的各种方法。

六、倘若您要在海上作战，我能设计出多种适宜进攻的兵船，而且这些兵船的防护力很好，能够抵御敌军的炮火攻击。

此外，我还擅长建造其他民用设施，同时擅长绘画和雕塑。如果有人认为上述任何一项我办不到的话，我愿在您的花园，或您指定的其他任何地点进行试验。

向阁下问安！

达·芬奇

这封希望谋得一个军事工程师职位的求职信，就是著名的《致米兰大公书》。

达·芬奇是个多才多艺的人，在绘画、歌唱、医学、哲学和其他领域都拥有卓越的才能，但在这封求职信中，他只详细描述了自己在军事工程方面的技能，这是为什么呢？

原来，米兰大公当时可以说是强敌环伺，一方面要应对意大利的敌对城邦；另一方面还要消除来自北欧和西亚的威胁。为了自保，米兰大公必须大力发展军事制造业，所以急需军事制造方面的人才。

在求职信中，达·芬奇一连使用了6个“我能”，一项一项，有条不紊地列举自己在军事工程方面的才能。通过信中那些细致的介绍，达·芬奇生动而含蓄地告诉米兰大公：“我清楚您的处境，我会帮助您打赢战争！”

怎么样？如果换成你，你能够一项一项地告诉别人自己的长处在哪里，自己的缺点又在哪里吗？

说起来容易，做起来可就难了。当你想要用语言来描述对自己的看法时，你很可能会有一种无从下手的感觉。是的，你也许对自己每一天的形象如何没有了解，但你肯定会对自己产生一个大概的看法，这个看法会影响自己的日常生活方式。

是的，自我形象影响着我们对他人所作所为的理解，在某些情况下它能够决定我们准备采取的行为，以及被人带给我们的感觉。它持续地影响着我们对自己、他人以及生活的感知。

亲爱的小读者，请你花几分钟来想一下自己的自我形象，列出你的优点或者积极的性格特点，同时列出你的缺点或者消极的性格特点。

优点（或积极的性格特点）	缺点（或消极的性格特点）

你认为你的优点和缺点哪一个更容易辨别？大多数男孩对自己的缺点而不是优点更加敏感。如果你也是这样，学习对自己的优点更有信心对我们来说就非常重要，应该打破过多重视缺点的习惯。

你列出的优点和缺点是否一样多？虽然优点和缺点拥有同样多的空格，但你也许会认为某一栏比另一栏的内容多。如果你列出的消极因素比积极因素多，那么就开始多注意你的积极因素，在优点一栏再多列几条。

我们来看一则故事：

青年时期的大仲马穷困潦倒，流浪到巴黎，期望父亲的朋友能帮自己找份谋生差事。父亲的朋友问他有何优点，大仲马只能摇头，似乎连丝毫的优点也找不出来。就在大仲马羞愧地写下自己的住址转身要走时，父亲的朋友一把拉住了他：“你的字写得很漂亮嘛，这就是你的优点啊。”把字写好也是一个优点！从此，大仲马以这为起点，勤奋写作，一步一步走进了大作家行列。

想不到吧，放大一个小小的优点竟会产生如此的影响吧？我们总是给自己贴上消极否定的标签，不断地用苛刻的标准评判自己。

那些在我们看来是错误的或者不受欢迎的特点，在别人看来也许正是我们最可贵的特点。

台湾著名的节目主持人蔡康永，曾经说过这样一段话："别急着觉得自己失败，很可能，你只是还没找到你会成功的那块领土而已。古斯巴达社会讨厌算术，认为学算术，就是想赚钱，很可耻。如果你很会算术，在那里一定觉得自己很失败。换成现在，算术好，绝对被当优点了。世界很大，成功的定义有很多种，在找到你的战场之前，别轻易说自己是失败者。"

亲爱的小读者，每个人的身上都有优点，只是一些人让自己的优点沉睡，从来不去唤醒它，在他们的眼里只有缺点，一个接一个的缺点让他们失去了前进的动力，同时也丧失了成功的可能。所以，千万不要让自己变成一个只有缺点却没有优点的人，事实上，每一个人都可以为自己列出一张优点单来！

如果你觉得自己很难描述自己的优点的话，我建议你使用下面这种宽容的方式，你可以尝试采用这样一些描述方法：

懒惰＝简单、放松、保存力量；
害羞＝安静、谦虚、谨慎；
喧闹＝热情、有活力、乐于发表意见；
肥胖＝精力充沛、强壮；
……

现在，我们再来看一下你对于自己缺点的字汇，并用不那么严厉、更易于接受的词汇来描述这些特点。

当然，这个表格并不是让你学会自我欺骗，也许你会需要改变一些行为，但一定不要对自己的性格特点太吹毛求疵。对于优秀的男孩来说，保持对自己的良好感觉是很重要的一条准则。我身边的一些朋友，他们的身上都有一个共同的特质：自信。他们总是斗志昂扬，对自己所做的事充满了必胜的、十足的信心。他们对自己的评价很高，甚至高到有些夸张的程度。在很多人看来他们是吹牛大王，但他们丝毫不在乎别人怎么看待他，而是陶醉在自我所营造的充满能量的感觉里，无视了周围所有负面的影响。

十二件礼物告诉你

美国小学生入学的第一天，总会收到老师发的一个袋子，里面装着十二样礼物，虽然这些礼物大多是微不足道的小玩意，但是每一件都在启发小学生去学会一种美德。

第一件礼物：牙签，用来挑出别人的长处。

TIP

※ 牙签尖尖的，本用来挑出牙缝里的食物残渣。这里的象征意义与本意不同，比喻要看到别人的长处，把别人的优点找出来。

第二件礼物：橡皮筋，保持弹性，以保证每件事情都能完成。

TIP

※ 有些事不努力就做不了，可成功往往就在再努力一下之中，人的能力在压力面前会增大，就像橡皮筋，有一定的伸缩性，拉一拉就会变长。

第三件礼物：Ok绷，恢复别人以及自己受伤的感情。

TIP

※ Ok绷，就是创可贴，是用来保护、医疗伤口的。它的比喻义不言而喻，是要我们学会抚慰别人的心灵创伤。

第四件礼物：铅笔，用来写下自己每天的愿望。

TIP

※ 有愿望才有主观能动性，活着才有意义，目的是让孩子们做一个奋发向上的人。

第五件礼物：橡皮擦，告诉我们，每个人都会犯错，这没什么关系。

TIP

※ 对自己，有了错误不要气馁，别放在心上，重新振作起来；对别人，要学会宽容，就像橡皮擦，把做错的地方轻轻擦去，不留丁点痕迹。

第六件礼物：口香糖，坚持下去就能完成工作，且会在尝试中得到乐趣。

TIP

※ 吃口香糖不可能一下子把甜味吃出来，要不断地嚼才能体会到，同样，事情也不是一下子就能完成的，坚持下去才有收获，同时你也会从中感受到成功的喜悦。

第七件礼物：棉花球，提醒你这间教室充满和善的语言和温暖的感情。

TIP

※ 棉花球是柔和的，温暖的，是由无数根纤维组成的。这里用棉花球告诉你：要和善待人，在感受集体温暖的同时，也为集体增一分光，发一分热。

第八件礼物：巧克力，当你沮丧时会让你舒服些。

TIP

※ 巧克力能缓解情绪低落，使人兴奋，它的象征意义就在于此，不开心的时候，要尝试着开导自己。

第九件礼物：面纸，帮别人擦干眼泪。

TIP

※ 它教会你懂得怎样去抚慰别人的痛苦。

第十件礼物：金纸，用友情把我们的心绑在一起。

TIP

※ 友情比黄金更有价值，所以用金色的纸来作象征物，让大家团结在一起，心心相印。

第十一件礼物：铜板，提醒你，你是有价值而且特殊的。

TIP

※ 铜板是过去的钱币，虽然平凡但却有价值。它会提醒你不要妄自菲薄。

第十二件礼物：救生圈形糖果，不要忘记向别人寻求帮助。

TIP

※ 当你需要帮助时，你可以去找别人。你应该学会主动寻求帮助，重新鼓起生活的勇气。

和美国学生不同，在开学这一天，中国孩子会收到一个小书包，也可能会收到一个小文具盒，但是很少会收到这样的礼物。当男孩开始上学的时候，他们的心底一定是有所骄傲、有所追求的。

在2009年大型公益节目《开学第一课》中，新东方教育集团创始人俞敏洪提出了这样一个观点，我们希望每一个上学的男孩都能记住——

生活是一种挑战，生命是永远的希望，你用自己的生命迎接了挑战，点燃了希望，坚持下去，热爱生命，相信未来。

希望每一个男孩都能记住自己的梦想和勇气。记得你自己前行的目标，记得自己从儿时起就被教导的那些善良与真诚，美好与坚持，这些美好得只能压在心底的东西，请千万不要落在生命的路上。虽然它们看上去是那样的简单而朴实，不像闪亮的金钱和炫目的偶像那样吸引人，但它们却是能够决定你的一生能走多远、能走多长的最珍贵的东西。而这一切，丢掉了，就再也不会回来了。

未来很多年以后，相信所有看过本书的男孩，你们将会实现你们幼时的梦想，将会成为社会上的精英。只是希望那时的你们，心底依然有所骄傲、有所追求；那时的你们，可以用自己独特的经历和坚贞不渝的信念，大声地告诉这个世界，你们是什么样的，以及这个世界应该是什么样的。

写给即将上学的你——

亲爱的世界：

我的儿子今天就要上学读书了。一时之间他会感觉新奇有趣，我但愿你能待他温柔些。

你瞧，到现在为止，他一直是家中的宠儿，后院的王者。我总是忙着为他治疗伤口，慰藉他的心情。

但是现在不同了。

今天早晨，他就要走下门前的楼梯，冲我挥挥手，开始他的伟大历程。其间或许有争斗、不幸或者伤害。在世界上度过他的日子，他需要信心、爱和勇气。

所以，世界，我希望你能时不时地牵起他的小手，教予他应知之事。教予他，尽可能温柔些。教予他知道，每有恶人之地，必有豪杰所在；每有权诈小人，必有献身义士；每见一敌人，必有一友在侧。教予他书中自有黄金屋。让他见空中的飞鸟，日光里的蜜蜂，青山上的簇簇繁花，给他时间静思其中亘古绵传之奥秘。教予他，磊落的失败比欺骗的成功更荣耀；教予他，自有我信念，哪怕人人言错；教予他，可以最高价付出自己的精力和智慧，但绝不能出卖良心和灵魂；教予他，置群虻的喧嚣于不顾，在自觉正确时要挺身而战。请温柔地教予他，世界。但是不要娇纵他，因为只有烈火的考验才能锻炼出真钢。

此要求诚为冒昧，世界。但是请尽你所能。

学习如何不枯燥

真不喜欢英语了，整天都要背、背、背，看到26个英文字母就头疼！

最讨厌写作文，一写作文就烦，烦透了！

学、学、学，一提起学习来就浑身没劲，怎么才能学好它们呢？

……

你是否也曾有过这些烦恼，烦恼那些让你头疼的作文和英语，那些让你痛恨的物理和数学……

也许你会回答：“我知道学习要用功，可是我就是做不到，实在是太枯燥了！”

是啊，踢球、看电视、打电话、打游戏，哪一个不比单纯的学习有意思，不知不觉中，因为学习的枯燥我们开始变得懒散，变得马虎，变得不像自己了。谁不希望能够在学习上做得更好、能够让自己的爸爸妈妈更满意、能够得到大人们的夸奖呢？可枯燥就像是紧紧缠绕在我们身上的藤蔓，让我们一点点地丧失了学习的动力。

在第二次世界大战的时候，一名最好的瑞士钟表匠被迫为纳粹制造一批高质量的钟表。尽管他费了相当大的力气，做出来的钟表却始终达不到战争前的水平。就连他自己也不明白为什么自己做的钟表大不如前。后来，一位心理学家找出了答案：原来这位钟表匠是被迫制作钟表的，所以他始终处在一种强烈的心理暗示下，这种暗示会带来各种负面情绪，比如恐惧、烦躁、愤怒和抱怨等，正是因为这些负面情绪的力量，才让这位最好的瑞士钟表匠大失水准。

听过这样一个故事：

一个欧洲观光团来到非洲一个叫亚米亚尼的原始部落。部落里有位老者，身穿白袍盘着腿安静地坐在一棵大树下做草编。

草编非常精致，它吸引了一位法国商人。他想：“要是将这些草编运到法国，巴黎的妇女们戴着这种草编的小圆帽，挎着这种草编的花篮，将是多么时尚多么风情啊！”

想到这里，商人激动地问：“这些草编多少钱一件？”

“10比索。”老者微笑着回答道。

天哪！这回我可发大财了，商人欣喜若狂。

“假如我买10万顶草帽和10万个草篮，那你打算每一件优惠多少钱？”

“那样的话，就得要20比索一件。”

“什么？”商人简直不敢相信自己的耳朵！他几乎大喊着问：“为什么？”

“为什么？”老者也生气了，“做10万件一模一样的草编和草篮，它会让我枯燥死的！”

当你把工作当成一种乐趣时，生活就是一种享受；当你把工作当成一种义务时，生活就变成了一种折磨。没有快乐的工作是枯燥、乏味的，做这样的工作还有什么意义？在我们的日常生活中，也会出现这样的情况。拥有一份并不如意的工作，痛苦万分地挣得了薪水，又愁眉苦脸地花出去，这样痛苦的人生谁能受得了？幸好，我们可以选择自己的工作，换一份自己喜欢的、能够获得快乐的工作，就可以重新开始。

对于学习来说，情况又不同了。工作可以换，学习却不可以。从小学到高中，你必须面对各门功课，不管你喜欢或者不喜欢。套用一句在男孩中流行的话来说，“你没得选择！”到了每个学期的期末，不管你乐意不乐意，都必须交出一份答卷来。

聪明的男孩懂得接受那些不可改变的事，并且用一份快乐的心态来改变自己。既然无法改变，那就尝试去接受吧！

那么，该怎样去改变我们的心态，把枯燥变为乐趣呢？

我曾经很羡慕那些站在领奖台上的冠军们，他们在一瞬间里爆发出来的力量让我惊叹不已。长大以后，我依然固执地认为运动员的生活才是真正充满“色彩”的生活，他们的生活一定充满了惊喜和乐趣。直到有一天，我听了朋友的一番话后，才改变了这种看法。

这位曾经当过运动员的朋友告诉我，每一个站在领奖台上的运动员，都需要忍受常人无法忍受的痛苦。这种痛苦的名字，就是枯燥。

每一个简单的动作，运动员都必须做上成千上万次。每一天都必须进行枯燥而单调的训练，日复一日，年复一年，就好比在沙漠上行走一样，有一种不论怎么走都走不到尽头的感觉。看过一个采访专题，面对记者的提问“专业运动员与普通人的生活有什么不同”，接受采访的冠军们几乎是不约而同地从嘴里吐出了一个词：

"枯燥"。

枯燥，是所有运动员每天都会遇到的大敌。没有战胜枯燥的毅力与本事，就不能够走上万人瞩目的领奖台。著名的飞人刘翔，去掉了在赛场上的光辉，他的生活枯燥得只能靠师父孙海平讲笑话，以舒缓自己紧张、烦闷的情绪。曾获雅典奥运会跳远冠军的俄罗斯选手列别杰娃，每次在赛场上出现，她的发型总让人感到"震撼"，时而是爆炸式的鸡冠头，时而是有莫西干风韵的粗辫盘发。对列别杰娃来说，千篇一律的训练实在枯燥乏味，只有通过不断地变换发型，才会让她体会到一点创作的快乐。

当然，我们看不到运动员们克服内心的枯燥的过程，我们看到的只能是他们奉献给我们的无比好看的精彩比赛，是他们成功之后的喜悦，失败之后的悲伤。

我的这位朋友并没能站在领奖台上，受不了枯燥和单调的他，最后选择了退出。"所以，我对所有能够坚持到底的运动员充满了由衷的敬意！"他郑重地加上了一句，这令我感慨万分：当运动员真的要比背课文要枯燥多了！

是啊，世界上任何一件事情，具体到细节来说都是枯燥和单调的。因为枯燥原本就是事物发展过程的一部分，如果你不能接受枯燥，就没有办法完成任何事情。

我们都知道，居里夫妇发现了镭元素的存在，使全世界都开始关注放射性现象。可他们发现"镭"的过程同样漫长而枯燥。

1898年12月，居里夫妇根据实验事实宣布他们发现了放射性元素"镭"。可是，当时谁也不能确认他们的发现，因为按化学界的传统，一个科学家在宣布他发现新元素的时候，必须拿到实物，并精确地测定出它的原子量。

于是，居里夫妇决定拿出实物来证明。当时，藏有镭的沥青铀矿是一种很昂贵的矿物，人们从这种矿物中提取制造彩色玻璃用的铀盐。对于生活十分清贫的居里夫妇来说，哪有钱来支付这件工作所必需的费用呢？但他们认为，提出铀之后，矿物里所含的新放射性元素一定还存在，从提炼铀盐后的矿物残渣中一定能够找到镭。

经过无数的周折之后，居里夫妇终于开始了他们艰难的提取之路。实验室的条件极差，夏天像烤箱，冬天像冰柜。每一次，居里夫人都要把20多公斤的废矿渣放入冶炼锅熔化，并且一连几小时地用一根粗大的铁棍不停搅动沸腾的材料，这样艰苦的劳动仅仅能从中提取百万分之一的微量物质。

从1898年一直工作到1902年，在克服了人们难以想象的困难后，辛勤的努力终于得到了回报：经过几万次的提炼，处理了几十吨矿石残渣，居里夫妇终于得到0.1克的镭。

仅仅是发现镭这一种元素，就花费了那样漫长的等待，经历了那样多的坎坷——人类科学知识的积累是多么的不容易啊！我们手中薄薄的教科书里有多少这样的知识，每一个知识都是由前人通过反复研究总结出来的。和这些科学发现过程中的枯燥相比，我们实在是太幸运了！

我们常常会读到一些伟大的科学家和艺术家废寝忘食工作的故事，在我看来，他们之所以能够忘我地投入到那些看起来枯燥无比的工作和学习中，正是因为对学习产生了兴趣。实际上，他们才不觉得枯燥呢，他们乐在其中，体会着常人无法体会的快乐。

举个例子说吧，一些男孩特别喜欢电脑游戏，在电脑面前，他们同样也可以做到不睡觉、不吃饭——道理其实很简单，当你付出了汗水和心思的时候，再枯燥和单调的事情你都可以做得“津津有味”。

英语、作文、数学……这些功课也是一样，如果你把它们当成是自己最好的伙伴，当成是自己藏在抽屉里的那些卡片一样来喜欢的时候，它们一定也会还给你一个笑脸。相反，你要是讨厌它，漫不经心地敷衍它，它也会毫不犹豫地侧过脸去，给你一个僵硬而冷漠的背影。

从现在开始，你可以尝试去发现学习中点点滴滴的乐趣，慢慢把它当成是一件快乐的事情，这样你就可以摆脱枯燥成为世界上最快乐的男孩！

怎样合理安排学习时间

世界上有一样东西最长又最短，最快又最慢，最能分割又是最广大的，最不受重视又是最值得惋惜的；没有它，什么事情都做不成；它使一切渺小的东西消逝，使一切伟大的东西生命不绝。这个东西是什么？

在回答这个问题之前，我们先来看一则故事：

有一个叫做哈里的小男孩，他总是痛恨自己的时间过得太慢，于是他日夜祈祷，希望时间快一点过去。在他想来，时间最好一下跳过去，这样自己可能面对的所有困难，比如说考试什么的，就会一下子消失得无影无踪。

有一天，一位白胡子老人突然出现在他的面前。这位胡子长得可以绕自己脖子转三圈的老爷爷拿出一卷布和一枚针，他告诉哈里："孩子，你渴望能够自己选择自己的时间，现在，我把属于你的时间交给你，你自己选择吧。"

时间布的样子跟哈里见过的白布没什么区别，只不过时间布每隔一米就标上了年龄，从1岁到2岁，再到10岁、20岁……一直到生命的终止。时间布的用法也简单，它只需要一枚针，把想省略的时间缝起来就可以了。只是，缝好的线永远不能再打开，时间布是很容易起皱的。

得到了时间布以后，哈里很兴奋。应该省略哪一天呢？想都不用想，当然是明天了，因为明天要考试。于是，哈里拿起了针，缝掉了明天。神奇的事情发生了，哈里发现自己站在了操场上，和同学们一起追逐一只足球。对啊，明天已经过去了，这是后天了，该死的考试已经和明天，啊不，应该是昨天一起缝进时间布里了。哈里得意万分，之后呢，应该把这一学期都缝上，好直接到暑假，应该把做功课的时间都缝上，好一直玩下去。因为打碎了窗子的玻璃，哈里的母亲责备了哈里。噢，当一个孩子可真不容易，算了，把童年、把少年时代都缝起来，把那些讨厌的唠叨和无休无止的功课都缝起来，这样，他直接就成了一个青年。而且他穿着一身黑衣，哦，是的，他20岁了，在这一年里，家里发生了很大的变故，他的母亲去世了，只剩下一个孤零零的他。可是把孤独和贫穷都缝起来吧，把奋斗也缝起来吧，这样在

几年后，他是一个成功的商人，金钱像流水一样向他涌来。可是这太慢了，哈里拿起针，他还在不停地缝下去，缝下去，他要钱，他要更多的钱……这样，时间布缝到了尽头，哈里发现自己成了一个老人，老得已经拿不动针了。

这一生就这样过去了吗？是的，已经说过了，时间布既然缝上了就不能再打开，因为它很容易起皱。

聪明的你一定早已经想出了答案，没错，这个东西就是时间。时间总是在不知不觉之中流逝着。不管你是否愿意，它都会无声无息地从你身边流走。最长的是时间，因为它永远无穷无尽；最短的也是时间，因为它让很多人心中的计划都来不及完成。对于等待的人，时间最慢；对于享乐的人，时间最快。时间可以无穷无尽地扩展，也可以无限地分割。当时谁都不重视，过后谁都会惋惜。没有时间，什么事情都做不成。时间可以将一切不值得后世纪念的人和事从人们的心中抹去，也能让所有不平凡的人和事永垂青史。

时间不够用了，对于大多数男孩来说是件特别头疼的事情。如果能够给时间的河流加上一道闸门，大喝一声让时间停下，那该多好啊！

在我看来，在学校里学习和我们工作时候的情景差不多，只不过把工作的内容换成了课本和作业。每天清晨，在开始自己工作之前，我都会想一想，今天我要做些什么，我可能会遇到的问题，然后计划和安排好每一件事情，这算是一个小诀窍，能够让自己迅速进入状态。当然，想要合理安排学习时间，还需要知道下面这些内容：

◎不管是在学校还是在家里，都要仔细整理你的学习用品，在每一门课的笔记上做好标记，并且按照分类整理好。每周清理一下自己的学习用品，把那些没有用的东西都清除掉，确保随时能够找到自己需要的东西。井然有序，将为你带来效率和时间。

◎当你开始做事情的时候，尝试将所有的注意力都集中到这件事情上面，这样可以最大限度地提高单位时间里的效率。可别小看了这种态度，假如你在日常生活中拿出考试时那种全神贯注的劲头，就有可能把自己的时间由一个小时变成两个小时甚至更多。

◎准备一个记事本，每天早上到教室后，在它上面列出自己必须完成的事情，每完成一件，就从记事本上划掉一件。不要把时间花在那些微不足道的小事上头，要让它花得有价值。

◎为你自己制订一份小小的时间收支表。首先，给自己要做的事情留出特定的时间，如每天晚上7点到8点为做家庭作业的专用时间。然后标明一天的支出和收获，如完成家庭作业的最后时间、考试时间、学习时间以及课外活动时间等，提前完成了一项，就表示收获，在提前的时间前打个“+”号，如果超出了预期的时间，你就给超出的时间前打个“-”号，这能让你对自己一天的时间了如指掌。

◎学会利用空闲的时间，见缝插针地安排自己的学习。比如上学路上、等车的时候、饭前饭后等，如果利用这些点滴时间，记住一两个单词，背诵一小段诗歌，日积月累也挺可观的。课间休息和午睡不是空闲时间，相反，你应该抓紧在课间休息和午睡的时候放松自己，这对恢复自己的精力很有帮助。

◎要学会掌控自己的时间。学会从时间收支表上找到自己使用时间的不足之处，放弃那些吞噬掉自己大量时间却又没有意义的事情，适当地调整自己的时间，明确地告诉自己什么该做，什么不该做，并请爸爸妈妈来监督自己。另外，学习不应该占据你所有的时间，你得给自己的休息、业余爱好和娱乐留出一些时间来。

试着按照上面几条的内容去做，尽力让自己变成一名效率专家吧！

关于时间的祷词——《这一天》（爱尔兰）

你爱生命吗？那么别浪费时间。
运用时间去工作，这是成功的代价；
费点时间去思索，这是力量的源泉；
花点时间去游戏，这是青春永驻的秘密；
抽出时间来阅读，这是智慧的基础；
匀出时间来对人友好，这是快乐的大道；
要点时间来梦想，使你挟泰山超北海；
找点时间来爱人和被爱，这是上主的恩典；
寻找时间来放眼四顾，这是通向无私的捷径；
用些时间放声大笑，这是灵魂的音乐。

老师并没有针对你

对每一个男孩来说，老师永远都是最值得我们尊重和感恩的人。因为他们，你可以像海绵一样，吸收大量新鲜、令人兴奋的信息。在与老师相处的日子里，许多事都会给你留下深刻的印象。这些事虽是极平凡的，但有时甚至会影响我们的一生。要知道，老师教给你们的不仅仅是文化知识，还有许多做人的道理。

从某种意义上来说，老师是你的领路人。他们几乎把所有知识无私地、毫无保留地教给学生，如果他们希望得到什么回报的话，就是希望看到学生成熟、成才，在知识的高峰上越攀越远。学生要尊敬老师，见到老师礼貌地打声招呼。上课认真听讲，不破坏纪律，把老师留的作业保质保量地完成。有些同学作业写得马虎、潦草，单是让老师辨认字迹都要费很多工夫，给老师增添了很多额外的工作量。经常这样，老师怎么会高兴，怎么会喜欢你呢？尊敬老师，尊重老师的劳动，是师生和谐相处的基本前提。

大多数的男孩对与老师相处的情况很敏感，如果关系处得不太愉快，他们就不会学得那么好，也不会喜欢上课。的确，与老师不能够融洽相处的话，自然不会让自己在课堂上的时间变得愉快。

那么，“融洽相处”的含义是什么呢？

“融洽相处”就意味着你和老师之间，共同拥有一种交流的方式，这种方式对你们两人都奏效，并且你们两人都从这种关系中获得你们所需的东西。

老师希望与你相处融洽，并且喜欢看你学习。但是老师和学生有时会有个性冲突，这在任何两个人之间都可能发生。如果你向老师示意你希望改善关系，老师或许会尽一切可能实现你的愿望。

即使你并不是特别喜欢某位老师，你也能成功地与之相处。换句话说，学生的本分有很多，但如果你尽到了作为学生应尽的基本责任，老师自然没有理由指责你。

下面是一些相关的责任，也许对你会有所帮助：

◎为上课准备好合适的笔、书，还有完成的作业；

◎当老师讲课的时候，要注意听老师讲的内容；

◎无论是课堂作业、家庭作业，还是测验都要尽你所能。

大多数男孩们都会有这样的体会：与哪个老师关系比较融洽，喜欢上哪门课，哪门成绩就好；如果与哪个老师关系不和谐，哪门成绩就会受影响，这大概也是爱屋及乌的反映吧。学生的大部分时间在学校里，就免不了和老师相处，对男孩来说，该怎样与老师相处呢？

当我还是一名调皮的男生时，我曾经有过“那个老师并不怎么样”“他的水平太低了”之类的观点，等我长大以后才知道这种看法和想法是多么天真。就像作弊者从来都认为老师不会发现自己一样。其实，只要往讲台上一站，谁在下面干什么都一目了然。老师从年龄、学问、阅历上看肯定是高于学生的。所以，要向老师虚心求教，勤学好问不仅直接使学习受益，还会增多、加深与老师的交流，无形中就缩短了与老师的距离，每个老师都喜欢肯动脑筋的学生，常向老师请教学习上的问题会加深师生彼此的了解和感情。

一些老师对学生产生了深刻影响，学生对他们永生难忘。

海伦·凯勒1880年出生于美国的一个小镇，她从小聪明过人，然而不幸的是，当她1岁多的时候，一场疾病夺去了她的视、听、说的全部能力，无情的现实把这个小女孩投进了黑暗与寂静、混沌与无知的世界之中。小海伦7岁时，父母为她请来了一位名叫安妮·莎莉文的启蒙教师，这位教师使海伦的一生发生了极大的转变。

一天，教师把海伦带到水房，用水管中清凉的水滴在她的一只手上，同时在另一只手上拼写“水”字，这使海伦认识到宇宙事物都各有名称。老师把海伦带到郊外，见什么东西就摸什么，然后就在她手上拼什么词，小海伦很快就记住了。海伦要学会说话，盲聋哑学校校长富勒小姐亲自教她，富勒小姐发音时，要海伦把手放在她的脸上，用感觉来刺激舌头和嘴的牵动情况，然后模仿着发音，慢慢地，海伦开始用嘴说话了。经过艰苦的训练，海伦以超人的毅力开始学习英、德、法、拉丁、希腊文，并掌握了这些文字。

后来，海伦克服了难以想象的困难，以优异成绩考取了美国第一学府——哈佛大学。21岁时，海伦写了一本自传体的书——《我生活的故事》，轰动了美国文坛。在此后的60年中，她一共撰写了14部著作，成为举世闻名的作家。

当然，人无完人，老师不是完美的，如果他有的观点不正确，或误解了某个同学，甚至有的老师“架子”比较大，或是太严厉，这都是可能的。发现老师的不足要持理解态度，向老师提意见语气要委婉，时机要适当。如果老师冤枉了你，当面和老师顶起来吗？不行，这样不但无助于问题的解决，还会恶化师生的关系。暂且忍一忍，等大家都心平气和再说。不管怎么说，老师是长者，学生应该把他们置于长者的位置，照顾老师的自尊心和面子。

有的男孩明知自己错了，受到批评，即使心里服气，嘴上也死不认错，与老师搞得很僵。有的人则相反，受过老师一次批评心里就特别怕那个老师，认为他对自己有成见。这都是没必要的。错了就是错了，主动向老师承认，改正就是好学生。老师不会因为谁有一次没有完成作业，有一次违反了纪律就认为他是坏学生，就对他有成见。相信老师是会全面、客观地评价学生的。

如果问题看上去真的难以解决，那么我建议你采取下面这些步骤：

◎与一位你信任的成年人交谈，比如家长、亲友或两者都谈。与你的老师在一起时，你也许不会立刻感到舒服，但是随着你们对彼此了解加深，情况会有所转变。

◎一旦你照此方式行事，并且记住你并非班里唯一的孩子，那么你就是在帮助你的老师。你的老师可能会注意到这一点，并且对此心怀感激。每当学生们听从指挥，学会并遵守班规时，老师也会乐于见此。

◎当你升入更高的年级或者就读另一所学校以后，也许你会想起你的那些老师们，也可能会在很长时间后回去看望他们。当然，作为一名男子汉，你还能给予自己最喜欢的老师一种更高的赞扬：等我长大了，也要成为一名受人喜爱的老师！

科幻小说中对教师下的定义

我们人类的所有记忆都是后天取得的。每个人的身体里有一种很薄的器官，这种器官在这个行星以氧氮为主的大气中振动时可产生声波，同时把要传输的信息调制到声波之中，接收方也用一种薄膜器官从声波中接收信息。这种方式信息传输的速率大约每秒1至10比特。

是的，我们人类就是这样一种没有记忆遗传，相互间用声波进行信息交流，并且是以令人难以置信的每秒1～10比特的速率进行交流的物种。

在我们人类之间，有一种个体，有一定数量，分布于这个种群的各个角落，这类个体充当两代生命体之间知识传递的媒介。这种个体将完成每代之间积累和传递知识的任务，而这一切都是文明进化所必需的。

在两代生命体之间传递知识的个体，他们的名字叫教师。

尽情享受朗读的快乐

人们常用“琅琅读书声”来形容校园，每天的晨读，每日的课堂，都离不开朗读。但是，很多男孩并不懂得享受朗读的快乐，他们把朗读理解为一种工具，只把它当做是一种阅读方式。习惯了和大家一起朗读的他们，一旦需要站起来朗读的时候，就会特别的紧张和不安。

小军是个身材高大的男孩，刚上初中的他，特别不喜欢每周一次的课文朗读。每一次老师在讲台前点名朗读的时候，都会让他产生一种莫名其妙的紧张感。他会心惊胆战地低下头，躲开老师的目光。只有当老师点到其他同学的时候，才会放松下来。

小军的声音并不难听，相反，从小就爱阅读的他对字里行间所潜藏着的情感了若指掌，他可以毫不犹豫地指出哪些地方表达的情感应该快乐，哪些地方应该伤心。可是一到他自己朗读的时候，他就完全变了一个人，变得唯唯诺诺、结结巴巴起来。有一次，小军被老师当众叫起来朗读，这可把他给吓坏了，他支吾了半天也没能说出一句完整的话来。这种窘迫不安的感觉让他觉得很没有面子，男子汉怎么能被朗读这点小事儿给打倒呢！

你是否也有因为当众朗读而窘迫不安的经历呢？好吧，让我来介绍几种方法，也许可以给你带来一些帮助。

呼吸对于朗读来说十分重要。有人认为呼吸能够使人变得放松和自信，有意识的呼吸是通往平静和力量的途径。呼吸是生命之源，每一位演讲家都是调控自己呼吸频率的大师。对于朗读者来说，呼吸能够让你把握自己的节奏，时刻调整控制自己的状态。

在你朗读之前，一定要保证自己情绪自然和冷静。让自己停顿一下，慢慢进行一次深呼吸，然后放松自己，把注意力集中在朗读材料上。焦虑或紧张只会影响你的声音。如果说眼睛是心灵的窗户，那么你的声音——语调、语速、力度、音量——就是你情绪和态度的外在表现。你肯定希望能通过充满精神和自信力量的朗读，使听众感受你阅读的主题，而不希望他们被你无端的紧张或不安搞得很困惑。

你必须了解并练习你的阅读内容。虽然不是每次都要这样做，但你最好能提前了解朗读材料并练习大声朗读。就像在树林中慢跑一样，如果熟悉路，你跑起来就更自信。如果不知道朗读内容，那么就在开始之前先看一遍或者扫一眼材料吧。哪怕只用几秒钟，眼睛也能看到文中的内容，因为熟悉，你就会更自信，也就知道怎样更有效地利用自己的声音了。

开始朗读后，要充满信心。控制好你的呼吸，慢点读，让声音从身体内部发出来（不要光从喉咙发声）。你的语气不要太单调。变化音调和稍微调整语速能使朗读的感情色彩更丰富、重点更突出。你可以适当放慢速度，有意识地根据内容改变语气的轻重。

不论是读一篇童话故事、一段演讲文稿，还是作个人宣传，都要让大家感受到你的热情。对每个词的发音都要清晰准确。你要时常和听众进行眼神交流，这样做可以取得良好的效果，拉近你和听众的距离。当然眼神交流的前提是适可而止，如果你瞪着眼睛像看待猎物一样盯着自己的听众，除了让人紧张和反感外，不会有任何收获。

当你开始朗读的时候，你需要注意以下几个小诀窍，它们可以帮助你提高朗读水平：

◎一般情况下，段落间的停顿最长，句子间的停顿最短，层次间的停顿居于二者之间。文中有标点符号的地方停顿的时间长短一般是：句号、问号>分号，冒号>逗号>顿号。

◎当内心世界的变化平缓或感情色彩平淡时，语速可减缓些；反之，语速就需快速、剧烈。

◎语调一般分为四个音调，“平调”没有明显的高低变化，语势平直舒缓，常用于陈述句；“升调”前低后高，语气上扬，常用于疑问句；“降调”前高后低，语气下降，一般用于感情强烈的感叹句；“曲调”朗读时语调由高转低再转高，或由低转高再转低，一般用于较复杂的情绪和感情。

真正读好一篇文章决不是一朝一夕的事，对此，我们向所有有志于提高自己朗读水平的男孩建议：享受你正在朗读的东西，全身心地投入进去。

万一，我是说万一，万一你不小心出了差错，那也没什么大不了！不要手足无措。微笑、呼吸、纠正错误，然后继续。接着朗读吧！

一些有趣的拟声词

朗诵配乐小窍门：

背景音乐的风格有很多种，但给人带来的情感体验并不多，建议你可以从下面的词汇中寻找适合你的背景音乐：静寂、深沉、率直、令人振奋、轻快、梦幻、忧郁、旷远。

拥有一个平素积累的、放在本地硬盘上音乐曲库，具有一些音乐知识和修养就可以让你比较快地为你要读的文章找到合适的音乐。

朗诵的文章还没读完，音乐却已经完了。碰上这个问题，你可以对同一首音乐进行反复播放，选择播放器中的“连续播放”就可以了。当然你还可以把第二首和文章比较吻合的音乐放在播放列表中进行连续播放，但对音乐的挑选要求更高，这里就不再赘述了。

可以向父母求助，掌握选择背景音乐的节拍，寻找合适的过门（贯穿连接曲首、曲尾和句、逗之间唱腔中段处的器乐伴奏）和音乐转换点，选择合适的时刻切入，进行出色的乐曲组合，这样就可以让音乐烘托你的文章、主题和意境，就像拥有自己的朗诵配乐乐队一样！

怎样写好演讲稿

林肯在他当选美国总统那一刻，整个参议院的议员都感到尴尬，因为林肯的父亲是个鞋匠。当时的参议员大都出身名门望族，自认为是上流人士，怎可容忍自己要面对的总统是一个卑微鞋匠的儿子。所以，当林肯首次站在参议院的演讲台上时，一位态度傲慢的参议员便羞辱他说："林肯先生，在你开始演讲之前，我希望你记住，你是一个鞋匠的儿子。"台下的参议员们哄笑了起来。

林肯并没有因此恼怒，他平静地对大家说："我非常感谢你使我想起了我的父亲。他已经过世了，我一定会永远记住你的忠告，我永远是鞋匠的儿子，我知道我做总统永远无法像我父亲做鞋匠那样做得出色。"接着，林肯转头对那个傲慢的参议员说："就我所知，我父亲以前也为你的家人做鞋子，如果你的鞋子不合脚，我可以修改它，虽然我不是一个伟大的鞋匠，我无法像我父亲那么伟大，他的手艺是无人可比的。"说到这里，林肯流下了眼泪，顿时，所有的嘲笑声变成了一阵阵的掌声。林肯并没有因为步入权力的顶峰而以新贵自居，相反，卑微的出身成了他体察民情、为民众为国家利益而努力的基石，以自己的身体力行赢得了人们的敬重。

应该说，林肯的成功，不仅仅与他伟大的人格魅力，还与他超人的演讲口才分不开。

演讲稿，是在演讲前写成的用作口头演讲的文稿。它与一般文稿不同之处在于：不是书面发表后给读者阅读，而是口头表达后让听众接受。因此，演讲稿的内容、语言必须体现演讲的特点和要求。那么该怎样写演讲稿呢？这里略谈几点，以供参考。

你需要明确演讲的对象。演讲稿首先要针对你演讲的目的和要求，其次还要针对不同年龄、不同文化程度、不同职业、不同场合的对象，做到有的放矢，这样才能适合不同类型听众的口味，收到应有的效果。千万别以为只是写给评委看的，你应该以周围的同学为听众对象，你可以想象自己的面前将站着全校的师生，是他们在听你的精彩演讲。

你需要明确自己的演讲目的。在演讲过程中，你所表达的主题需要反复强调，这样才能给读者留下深刻的印象。演讲稿一般不追求含蓄深奥，而是要求直抒胸臆，你赞成什么，反对什么，要让听众一目了然。演讲中的主题不仅要做到明确，更要做到突出。在演讲中你要告诉大家你将要告诉他们什么、你正在告诉他们什么以及你已经告诉他们什么。

你该怎么表达你的主题。演讲稿和其他文章一样，都需要写作材料。演讲稿的材料包括事实、故事、名言警句、数字统计等，无论哪一则材料，都离不开“真实”。要让你的听众真正感动，就离不开说真话、讲真事。只有那些有血有肉的真实才能令人信服。

下面是一些小窍门，能够让你在写作演讲稿时游刃有余：

◎更通俗。演讲要让听众听懂。“上口”“入耳”这是对演讲语言的基本要求，也就是说演讲的语言要口语化。演讲稿的“口语”，不是日常的口头语言的复制，而是经过加工提炼的口头语言，要逻辑严密，语句通顺。写作演讲稿时，应把长句改成短句，不用倒装句，把单音词换成双音词。演讲稿写完后，要念一念，听一听，看看是不是“上口”“入耳”。

◎更生动。怎样使语言生动呢？你可以大量使用形象化的语言，运用比喻、比拟、夸张等手法增强语言的形象色彩；你还可以运用幽默、风趣的语言，增强自己演讲稿的表现力。这样，既能深化主题，又能使演讲的气氛轻松和谐；既可调整演讲的节奏，又可使听众消除疲劳。发挥语言音乐性的特点，注意声调的和谐和节奏的变化。在演讲过程中，短句激烈，富有战斗性；排比句排山倒海，势不可挡；感叹句激情洋溢，令人振奋；问句咄咄逼人，雄辩有力。

◎更清晰。演讲稿的结构，一般有开头、中间、结尾三个部分。开头，又叫开场白，总的原则是点明主题，先声夺人。开头一般有这样几种方法：从题目谈起；揭示中心或概述内容；从寓言故事、典故、名言警句、个人经历等说起。

中间部分承接开头，是主干。要运用真切感人的材料，或抒情或叙事或议论，切忌装腔作势。同时，主体部分一定要体现出生动活泼、新鲜有力的文风，否则易使听众觉得演讲内容枯燥无味，从而产生厌烦情绪。

结尾，要给听众留下鲜明难忘的印象，切勿仓促收场。常见的结尾方式有：总结全文，强调演讲主题；用哲理性的语言，画龙点睛，耐人寻味；用幽默的语言再次制造气氛，让听众于轻松中受到感染；用充满激情的语句，给人以鼓舞。结束语，一是概括要点，揭示主题；二是抒发感情，激励人心；三是展望未来，鼓舞斗志；四是饱含哲理，发人深思等。

◎更有效率。演讲稿不宜过长，要适当控制时间。

如何记好读书笔记和课堂笔记

都说"好记性不如烂笔头"，做笔记是一种很好的自学方法，尤其对男孩来说，更是一种有趣的体验，它可以帮助你加深对所学内容的理解，提高思考能力和写作能力。

要学会记一手漂亮的读书笔记和课堂笔记，就好比我们学步一样——要通过大量的实践才行。尽管如此，一些建议也能使你记笔记的技巧提高。这些建议对听课笔记或读书笔记来说都适用。

先来介绍读书笔记的几种记录方法，你可以评估一下，看看哪种方法最适合你。

最简单、最容易做的方法——摘抄

你可以把书本或者文章中一些重要观点、精辟语句、有用数据和材料文字摘抄下来。当然，不是随随便便就能做完摘抄的，这些观点、语句、数据和文字必须是能够打动你、让你觉得特别有意思的语句。还记得《哈里·波特》里活点地图上的标记么？每个标记代表一个人。这些语句就像是每一本书的标记，每当你读到这些语句的时候，自然而然地就能联想起书本或者文章的内容来。摘抄适用于绝大多数书本，也是偷懒男孩最喜欢的笔记方式。不过，如果你不断地阅读，并坚持不懈地对每一本书使用这种方法的话，你会在不知不觉中发现自己拥有了一笔巨大的财富。

最考验记忆力的方法——编写故事梗概

每读完一部作品后，把书合起来，你可以对作品的故事情节进行思考、回忆，就像在脑子里面放电影一样，把所有你能够回想起来的细节挨个排好，从头到尾走一遍，最后再用你能想到的最简洁的语言把故事情节写出来，边写边回味。

很多男孩在编写故事梗概的时候，总是会遇上这样的问题：整个故事梗概里出现了很多角色，分不清哪个是主角，哪个是配角。这里需要提醒每一位男孩“编剧”，千万不要忘记为你编写的这个故事确定一个主角以及一条主线。每当你提出一个问题的时候，接下来就需要考虑通过谁（或什么事物）来反映这个问题，由谁来解决这个问题。解决这个问题的人可以充当故事的主角，而解决这个问题的具体过程就是故事的主线。整个故事情节将围绕主角展开，按照主线的发展，主角的行为将最终决定故事的结局。

最富有挑战性的方法——批注

这种笔记方式不单是摘录，还要写出自己对这些要点的看法和评析。试想一下，和那些写书的作者们进行辩论，那将是一件多么有趣的事情。

常用的批注方法有：书头批注，即在书中重要的地方用笔打上符号或在空白处加批注，折页作记号；写提纲，即把书和文章论点或主要论据扼要记叙下来；记录摘要，即综合全文要点、记下主要内容；读完全书对得失加以评论。

最有意思的笔记方法——补充

读了某些书，你也许会觉得所读的内容不完备或是还有一些知识和要点不够清楚，这时你就可在读书笔记中予以补充，让原来的内容变得充实。你在阅读中发现的疑难问题，也可以先记下来，等你找到了正确答案以后一并补充进去。

补充，必须围绕书文中所论述的内容来阐述、引申、发挥，不要扯到一边去了。补充时，宜先概述原文内容，指出其缺陷，再写自己的补充。阅读中遇到观点不正确的，在读书笔记中指出其错误，提出自己的看法。指出错误，要观点鲜明，击中要害，以理服人。

课堂笔记和读书笔记非常相似，但课堂笔记是在有限的上课时间内完成的，所以课堂笔记更注重记录的技巧。

记课堂笔记的时候最好不要把整页纸写得满满的。要给自己留一些空白，你可以把笔记本的左边一面空出来，留待以后补充笔记内容时候用。笔记本的内容按照课本目录中的标题划分好，每一小节的结尾处留下3～4行的空白，以便以后写下意见或评论。

当你开始记课堂笔记的时候，你可能会拿不准自己应该记些什么。这时你不是记得太多，就是记错，记得不准确、不完全。慢慢地，随着不断的实践，你开始明白在什么时候记、记些什么。老师讲课的逻辑线索应该记在左边留出的空页上，大标题可以用“一”“二”“三”等标出来，小标题用“1”“2”“3”“4”等标注，再小的标题就用“1.1”“1.2”“1.3”“1.4”等标出来。

检查和补充笔记内容是记录课堂笔记的一个重要的步骤。下课后，你需要尽可能快地浏览一遍刚刚做好的课堂笔记。要是你发现笔记上有什么问题，就可以与老师或同学讨论一下。你可以这样向你的同桌请教“刚才老师上课的时候提到……，是这样的吗”，你还可以直接询问老师自己存在疑惑的地方。无论如何，你都要在对课上内容记忆犹新的时候把缺陷的部分补上。别把时间花在重新誊写笔记上，这种时间可以用来补充旧的笔记内容或者记更多的新的笔记。

当然，在你翻阅笔记的时候，如果你有什么疑问，你也可以把它们记在纸旁空白或左边的空页上。要是你有什么独到新颖的见解，那就更好了，把他们记下来，随时从图书馆、互联网或者你的老师和长辈那里寻找答案。

有趣的笔记

蒲草笔记　汉代路温舒小时家贫无钱读书。一次，在野外放牧时，发现宽宽的蒲草可用来记字造句，于是便将蒲草采回家，边读书、边在蒲草上做笔记，读了一本，又抄一本，终于谙熟《春秋》经义，成为有名的法学家。

树干笔记　南北朝时的任未，外出求学时无钱住客店，便在树林里搭个小茅棚住，然后削荆条为笔，以树汁为墨水，读书做学问。因买不起纸张，便把书中的优美词句写在树干上，等有钱买到纸后再抄录下来，后人将此树林称为“经苑”。

布袋笔记　宋代诗人梅尧臣，外出时总少不了带上一个小布袋，每当读到佳句妙语，就把它们写在纸片上，然后投入小布袋中。做学问时，便从小布袋中取出所记的纸条，或予以引用，或启发思维，终成一位出色的诗人。

陶罐笔记　元末著名学者陶宗仪，避乱江华亭时，躬耕于田野，累了便坐在树下歇息、读书。每有所感，就取出随身带来的笔砚，在树叶上记下来，并将树叶笔记放入准备好的陶罐中，埋入树下。经过10余年的积累，竟有树叶笔记数陶罐。后经加工整理，终成颇有学术价值的《南村辍耕录》。

怎样扩展外语阅读词汇量

扩展你的词汇量，这是一道简单的数学题：你认识的词汇越多，可供选择的就越多；可供选择的越多，你的语言和写作就越准确、越生动，内容就越丰富。

有很多方法都能帮你丰富词汇，并最终提高你的交流能力，比如以下5种：

阅读！阅读！还是阅读！

儿童学说话的时候，每掌握一个词汇都像得到了一件会发光的玩具一样高兴。这就是你学习语言的方法，要提高词汇量也要这样才行。学习新词汇的最好办法就是阅读。阅读你喜欢读的东西，阅读你需要了解的信息，阅读任何令你感兴趣的内容——短篇小说、长篇故事、散文、报纸、杂志等等。像海绵吸水一样吸取词汇吧，你阅读的内容越多，你掌握的词汇就越多。

深究词根

和人一样，词汇也有“家庭”。词汇的家庭就是一组词汇因为词根相同而相互联系，从而形成各种各样相互联系的意义，最后成为语言的组成部分。如果遇到不认识的词汇，你可以通过它的词根来判断它的意思，以此来扩大自己的词汇量。

假如你在阅读时遇到了一个不认识的单词：antipathy，那么，从单词antiwar（反战）和antifreeze（防冻剂），我们可以知道词根“anti-”的意思是“反对”；根据单词sympathy（同情）和apathy（冷漠）我们知道词根“path”的意思是“感觉”。这样一来，我们马上就可以猜出antipathy的意思是“对某种事情反对的感觉”（反感）。这种根据词根判断词意的过程应了一句老话：难者不会，会者不难。

养成查字典的习惯

要想掌握大量的词汇，必须经常查字典。读书的时候，你可以在旁边放一本最新版的字典。只要遇到没有把握的词汇，就查一下，这顶多会花掉你30秒钟的时间。把这个词和它的意思都记入你的单词表里。日积月累，你的单词库里就会有一笔不小的“财富”了！

多多使用新词汇

一旦你的脑子里有了新词，说话或者写东西的时候就要多使用它。每天至少使用一个新词。比方说，跟父母说你特venerate（崇拜）他们；如果孩子把遥控器交给你，就赞扬他们的altruism（利他主义）；祝贺你的伙伴进行了edifying（启发性）的展示；告诉塔比，让她别太intractable（发愁）猫粮的花费……

提醒自已在掌握和使用新词方面别procrastinate（拖延），把增加词汇量当做一生的任务。在增长词汇量的过程中，你会开拓思路、丰富感情，你的语言能力、阅读能力和写作能力都将得到提高。同时，你的生存能力也会得到提高。

考试一点也不可怕

考试，是检查掌握知识的程度和分析问题、解决问题能力如何的一种方法。

许多男孩常常会在考试的前几天产生一种烦躁不安的情绪，看不下去书，又没有心思玩，拿起语文课本，又会想起数学考试来……这就是人们常说的“考前焦虑”。

考前焦虑部分是由惧怕失败的心理造成的，也有一部分是由自卑心理产生的。

有的男孩习惯了将考试成败看得很重，一次考试失利了，他就会把这次挫折看成是所有考试科目的失败，心中老想要是这次考试成绩不合格怎么办？进而担心升级、升学，乃至觉得前途暗淡。这种变态的联想，会不断激起紧张的情绪，从而产生怯场行为。

还有一些男孩，他平时就不能相信、肯定自己，对考试缺乏信心，总以为自己功底不扎实，掌握的知识不牢固。在潜意识中，他认为不管自己怎么努力，都不可能考好。对于他们来说，还没有考试，就已经认输了。唯恐自己准备不充分，等到上了考场以后又害怕遇到难题，由于考前就很担心，一进考场心就紧张得怦怦跳，自己把自己吓蒙了。

还有不少喜欢临时抱佛脚的男孩，他们认为只要多花时间多用脑，准会考出好成绩，于是临考前天天开夜车，结果，由于睡眠不足，大脑负荷过重，走进考场时大脑的兴奋与抑制严重失调。最后，自然无法考出自己满意的成绩。

其实，考试一点也不可怕，聪明的男孩常常会从容不迫、沉着冷静面对考试，他们能够主动而有效地安排时间，从而保持良好的应考状态。如果能够学会上面的这些诀窍的话，相信你也可以考出自己最佳的水平来。

消除考前焦虑最重要的一条是树立自信心，自信“自己不那么容易失败”，“我不比别人差多少，同样的人，他行，我也行！”“即使下一分钟考试，这一分钟我依旧泰然自若。”这里我们要强调一点，建立自信心只能依靠自己，在这件事上，别人是不能代替自己的。只有敢于相信自己、肯定自己，轻装上阵，无所顾虑，相信“别人能考好，自己不比别人差什么，我也一定可以考好”，才能考出实际水平。

当然，光有自信还不够，下面有一些小窍门，能够让你摆脱考试的阴影。

◎一门课考完之后，许多男孩子喜欢和别的同学对答案。这种方式对你的情绪影响很大。有的男孩会因考试出现错误产生自责心理造成情绪低落，影响下一科目的考试。其实，考试的时候最需要的就是自信了，你需要相信自己的头脑。每科考试结束之后，你不用和别的同学讨论，以免影响自己的情绪。

◎考试的时候，很多男孩总是会因为考场严肃的气氛而变得紧张。许多男孩只要一坐进考场，哪怕自己坐的就是平时上课的座位，他也会心跳加快，难以平静，影响考试。有一个很好的办法，可以让你的心情变得轻松。首先，把考场想象成自习室；试卷一发下来赶紧读卷，一般第一眼看到的试题是自己会做的题，就会比较容易地平静下来；如果看到的第一题还一时看不出解法，那么只瞄一眼就赶紧看下一道题，从会做的题开始，用一点的胜利，稳定心理带动全面的胜利。

◎你可以暗暗叮嘱自己："我难别人也难，不用紧张。""别人交卷，我不慌，时间还多着呢！"千万不要小看了这些话，它能让你慢慢地平静下来。

◎当你因为过度紧张而无法控制自己的时候，你可以先搁下试卷，去做些与考试无关的活动，或闭目休息片刻，这种转移自己注意力的方法，可以克服紧张情绪。同时也可以采用深呼吸的方法，先指导自己舒适地坐好，深深地吸口气再慢慢地呼出来，呼吸节奏比平时慢一半，同时放松全身的肌肉神经，这也能消除极度紧张的状态。

◎冷静沉着地读卷，一丝不苟地把全部考试试题看一遍，正确理解题意。如果发现有不明确或不理解的试题，应立即举手请教老师，让老师讲清楚。然后，从整体上看一看考试的题型以及分值等，这样以便分配考试时间，占分数多的试题可考虑先做。

◎试题并不要按给定的顺序解答，因此可以从最容易做的题目做起，这样可以增强信心，自己掌握的知识可以完全反映到试卷上。如果在做的过程中，遇到了难题，一般三五分钟还不知从何入手，这时就要放下这道题，先做后面的题。等其他题做完了，有时间再回头做这一题。碰到难题如果不跳过去，就不仅耗费了有限的考试时间，还可能弄得后面会做的题也没时间去做，而且会挫伤自信心，增加紧张心理，出现思路阻塞，以致使本来会做的题也一时不会做。

◎只要时间许可，一定要从头到尾检查一遍。检查时不应用原来的解法，而应当用别的解法来检查；或者把答案代入试题进行验算。不过，检查中发现错误后一定要反复推论，确认是错了，才在试卷上修改原先的做法和答案。因为，第一次做时，往往比较准确，错误率较小。有时候，有的男孩在检查时反而改错了，原因就在这里。

◎如果考试时间快到，还有试题没有做完，可尽可能地把简约解法和答案写上。

◎答卷字迹清晰整齐、卷面干净整洁也是十分重要的。字迹潦草不可辨认，卷面乱七八糟，阅卷老师也无法给你判卷评分。

最后，还要告诫男孩们的一点是，考试不能临阵磨枪，但可以协调好每一门课的复习时间和复习内容。语文、英语、数学……门门要考、门门要看，可时间就那么多，最好的办法就是根据时间的多少和自己各门功课的好坏，安排一个复习计划。

你可以在考试前写一份考试课程的提要。根据自己的回忆，把重要的概念、公式、难点、学习心得、解题技巧一一写出来，按学科本身的体系排列，如果你可以把这门课的每一部分都能回忆出来写清楚，就会感到考试有把握。然后，把写提要时发现的弱点列出来，重点复习；或者针对这些弱点找来一些习题，量要大，题要难，自我训练一下。这样的考前复习花的时间不多，效果往往比较好。

晒晒大师们的成绩单

一切伟大都有个平凡的开始。让我们绕过伟大，去看看那些大师们，看看他们曾经的成绩单。

众所周知的鲁迅先生，他的私塾的成绩已不可考。但似乎他对百草园比对三味书屋更感兴趣，暂时看不出是个天才儿童的样子。鲁迅后游学南京，17岁考进不收学费的江南水师学堂；还参加过一次科举考试，未中；后转入江南矿路学堂。他在“职业高中”的成绩不错，以第一等第三名毕业，然后被学校选派日本留学。

让我们来看一看鲁迅在日本仙台医专的成绩单：

全班142人中名列第68，属中等学生，专业学科医学的平均分是65.5分；成绩最好的是非专业学科伦理学，83分；分数最低的是解剖学59.3分，教这门课的老师就是正直、谦和、可敬的藤野先生。

从成绩单的数据上看，周树人学习医学的能力一般，将来成为一名杰出医生的机会并不大，他的兴趣似乎在人文科学上面，这也更加容易解释鲁迅后来走上文学创作道路的原因。

四川乐山郭沫若故居也保存着两张郭沫若的成绩报告单。一张是嘉定府官立中学堂于1909年5月28日所发的，郭沫若当时16岁，刚刚读完了中学二年级。成绩单上的成绩是：

修身35，算术100，经学96，几何85，国文55，植物78，英语98，生理98，历史87，图画35，地理92，体操85。

另一张成绩单是四川官立高等中学堂所发。郭沫若当时18岁，读完了该校三年级第一学期的课程。成绩是：

试验80，品行73，作文90，习字69，国文88，英语98，地理75，代数92，几何97，植物80，图画67，体操60。

从两张成绩单上的成绩看，郭沫若当时显然算不上优等生。第一张成绩单平均成绩79分，包括国文、图画在内的3门功课不及格，最差的仅35分。第二张成绩单上，图画、习字的成绩也很一般，倒是理科成绩如几何、代数、生理等反而高。不过，郭沫若后来终究没有成为数学家或医学教授，却成了诗人、书法家，确实有些出人意料。

爱因斯坦是20世纪最伟大的科学家，人们对爱因斯坦的学生时代议论纷纷，有人说他是小神童，也有人说他是懒学生，还有人说他是个奇怪的幻想者。我们不妨来看一看爱因斯坦学生时代的成绩单，也许会让你吃惊不已。

爱因斯坦故居二楼居室门厅现在是故居的售票和接待处，墙角有一张写字台，放着爱因斯坦1900年的文凭和1885～1886年成绩单：

物理6分，数学6分，法语3分，德语4分，历史5分。

当时，爱因斯坦所在的阿劳学校的评分顺序是从1分到6分，1分为最低分数，6分是最高分数。

爱因斯坦在这一年里，除法语外，其他成绩都是不错的。即使是大科学家爱因斯坦，也并非全能的，至少使用法语就曾是他的薄弱一环。

日本科学家、诺贝尔物理学奖获得者小柴昌俊在大学时期是一个“差生”，16个科目中，拿优的只有2项，而且还是那种只要去上课就能拿到“优”的实验科目。

当他结婚的时候，老师写来的祝词便是：“今天的新郎虽然是东京大学毕业的，但成绩是刚刚及格。不过，他的前途多少好像还有点希望。”这份祝词不仅吓坏了他的岳父岳母，还让他的亲戚们都为他的前途提心吊胆呢！

然而，就是他，后来却在美国罗切斯特大学取得哲学博士学位，并担任了日本东京大学初级粒子国际中心的名誉教授。在戴维斯研究的基础上证实并扩大了对中微子的探测成果，捕获到超新星大爆发时释放的中微子。因此，他与美国的莱蒙德·戴维斯和里卡尔多·贾科尼共同获得了2002年的诺贝尔物理学奖。

每个人的一生都在不断地学习，老师与成绩单不可能永远跟着我们，更多的时候，我们需要自己来检验自己。小柴昌俊，这位曾经的问题学生，曾说过一句让我印象深刻的话，与所有为了自己成绩而苦恼的男孩们共享：

那时，大家一般都有半数以上的科目是优，我恐怕是班上最差的，但我一直相信，成绩单并不能保证你的人生。虽然我的成绩不好，但我也有自己的强项，而且我坚信，学习最重要的就是你自己的主动性。

每天长大一点点

每一个男孩的成长，都是由一个接着一个的“一点点”衔接而成的，就像小树抽出了枝丫：一点点地变结实，一点点地变聪明，一点点地学会许多不懂的知识……只要再给他一点点时间，他一定能够独当一面，撑起一片巨大的天空。小男孩儿，快快长大，成为一名了不起的男子汉吧！

清除忧愁须知

“愁”这个字，在汉字中是一个很有趣的字，它由“心”和“秋”组成，是一个会意字。在古代，秋天表示收获，所谓“秋收冬藏”，“秋”自然就悬在人们的“心”上，令人忐忑不安，成为人们“心”上挂念和担忧的“事情”了。

先来看一个故事：

小熊尼莫冬眠醒来后做的第一件事，就是开始为自己未来的食物——蜂蜜苦恼。

它一面看着太阳，一面忧虑：春天的阳光不够好，要是森林里的那些花长得不够浓郁，蜜蜂会不来采蜜，或者蜜蜂来了，采到的蜜却没有往年那么香醇，该怎么办呢？

还有那夏天的雨水，简直没完没了，那些花儿一定会被雨水糟蹋了。它们太娇弱了，很容易被泡烂了根系。再说了，在这样糟糕的天气里，蜜蜂也会罢工的。尼莫越来越担心，因为按照它的这些假设，今年一定吃不到一点儿蜜了。

尼莫变得焦躁起来，在蜂房的周围不停徘徊，除了担心还是担心。它没有了去找其他吃的东西的心情，或者是安静地休息一会儿、看看别的事情的空闲。就这样，春天和夏天就在尼莫的忧虑里慢慢地过去了。

当秋天来临的时候，气温偏高，秋旱又开始持续了。夏天里蓊郁的植物变得衰弱了，到处都是食叶害虫和地下害虫们。尼莫家附近的花已经气息奄奄。忧虑的小熊开始整夜整夜地失眠，它在夜里睡不着觉，因为它在花丛里奔走忙碌着捉虫。可是不管它怎么努力，虫子一点也没见少。

尼莫的许多个日日夜夜，就在这样的担心和忧虑里过去了。

其实，在阳光不好的那些日子，尼莫吃到了油菜花的蜜；雨季里它吃到的是枣花的蜜；虫子最多的时候，它吃到了向日葵的蜜。在应该吃到蜜的日子里，尼莫并没有像自己担心的那样什么都没吃着，尽管有时候吃得少一点儿——它白白替那些花和蜜蜂操心了。

都说“少年不识愁滋味”，可我的身边总能找到这样一些“尼莫”式的小男生，他们为生活和学习中的事烦恼着。

其实，他们并不需要为那些多余的事情忧虑，就像小熊尼莫一样，它本来应该是这样的：每天在森林里找找鱼、鸟类和昆虫，吃饱了晒晒太阳，晚上待在洞里呼呼大睡，如果蜜酿好了，它自然会知道。

男孩出现忧愁和烦恼是常有的事情，如果烦恼总得不到解决且长久地情绪低落，那么就很容易出现问题。

你可以对比一下，看看自己有没有以下的表现，如果有的话，那么你也需要找到清除忧愁的窍门。

整日愁眉苦脸、心事重重、心烦意乱、情绪低落，对什么事情都没有兴趣，不能安心学习和做事；即使是面对让人高兴的喜事，患者也常常毫无喜悦之情，有时甚至会对此感到忧伤和痛苦；看什么都不顺眼，做什么都觉得不顺心；拒绝与父母和同学沟通、交流，时常封闭自己或与人闹对立；有些男孩还会产生身体不适，比如感觉头晕、恶心、腹痛、肢体无力等。

让你变得忧愁的原因有很多，比如学习压力过大，理想和现实有冲突，不能实现自己的愿望，父母或老师不理解自己，不被认可和接纳，在学习、生活中有无用感等等。那么，怎么做才能让自己远离忧愁呢？

如果你来到北美的危地马拉，就会在这里的土著人家里看到一种色彩亮丽、鸡蛋大小的盒子，他们称之为“消愁盒”。这个小盒子里装着六个小巧的玩具娃娃。当某一个家庭成员遇上烦心事儿的时候，就会从盒子中取出一个小娃娃，将心中的忧愁和郁闷向娃娃倾诉一番，然后将娃娃放置一边，各种忧愁也和娃娃一道被抛之脑后。

如果在同一天，这个人又遇到了另一件烦心事，那么另一个娃娃就会被选出来担当“听客”。每一个娃娃“听客”，在听过主人的心事之后，都会被留在盒外，代替主人承受忧愁，思考对策，主人则一身轻松地安心做其他事情。当一天结束以后，所有被选出的娃娃又会被重新放进盒子里，以供明天之用。

在我们的生活中，很多令我们发愁的事情，都是没法马上解决和消除的，它们令我们忧心忡忡，让我们变得烦躁消极。假如我们能将这些忧愁彻底发泄出来，就算一下子没有办法解决，也可以暂时将它们放在一边，清空我们的大脑，让我们能有精力和时间去做其他的事情。

受“烦恼盒”的启发，我们可以总结出这样一条应对忧愁的简单公式：

◎把你的忧愁彻底向别人诉说出来，无论是朋友、家人或者自己；

◎如果有些事情能够或者需要及时予以解决的，那就立即行动起来；

◎如果有些事情暂时或较长时期无法或无望解决，就将它们搁置起来，将注意力和精力聚焦在其他必须要做的事情上。

忧愁并不可怕，只要你仔细遵循以上几条去努力，就可以一点点地让忧愁远离自己的生活，使你重新回到阳光灿烂的生活。

给自己树立一个目标

没有目标，你就会感到空虚和无聊。要谋求成功和幸福，我们的人生就不能没有一个远大目标。目标对于成功，犹如空气对于生命，没有目标的人不可能成功。

这个故事跟一个小男孩有关。

小男孩的父亲是位马术师，由于经常跟着父亲四处奔波，男孩的求学过程并不顺利。

初中时，有一次老师叫全班同学写作文，题目是长大后的志愿。

那晚小男孩洋洋洒洒地写了7张纸，描述他的伟大志向，那就是想拥有一座属于自己的牧场，并且他仔细画了一张农场的设计图，上面标有马厩、跑道等的位置，然后在这一大片农场中央，还要建造一栋巨宅。

小男孩花了好大心血把文章完成，第二天交给了老师。两天后他拿回来，第一页上写了一个又红又大的“F”，旁边还写了一行字：下课后来见我。

脑中充满幻想的小男孩下课后带了报告去找老师：“为什么

给我不及格？”

老师回答道：“你年纪轻轻，不要老做白日梦。你没钱，没家庭背景，什么都没有。盖座农场可是个花钱的大工程，你要花钱买地、花钱买纯种马匹、花钱照顾它们。”老师接着又说，“如果你肯重写一个比较不离谱的志向，我会重新给你打分。”

这男孩回家后反复思量了好久，然后征求父亲的意见。父亲只是告诉他：“儿子，这是非常重要的抉择，你必须自己拿定主意。”

再三考虑了几天后，他决定原稿交回，一个字都不改，他告诉老师：“即使拿个大红字，我也不愿放弃梦想。”

20多年以后，这位老师带领他的30个学生来到那个曾被他指责的男孩的农场露营一星期。离开之前，他对如今已是农场主的男孩说：“说来有些惭愧。你读初中时，我曾泼过你冷水。这些年来，也对不少学生说过相同的话，幸亏你有这个毅力坚持自己的目标。”

能如此坚信自己目标的人真是少之又少，我们大多数人常常将自己的伟大目标舍弃。

为什么要树立你的人生目标？

如果一艘轮船在大海中失去了方向，就会在海上打转，直到把燃料用完，仍然到达不了岸边。事实上，它所用掉的燃料，已足以使它来往于大海两岸好几次。一个人如果没有明确的目标以及达到这些目标的明确计划，不管他如何努力工作，都像是一艘失去方向舵的轮船。

你必须首先确定自己想干什么，然后才能达到自己确定的目标。同样，你应该首先明确自己想成为怎样的人，然后才能把自己造就成那样的有用之才。

目标会使你胸怀远大的抱负；目标会在你失败时赋予你再去尝试的勇气；目标会使你不断向前奋进；目标会使你避免倒退，不再为过去担忧；目标会使理想中的“我”与现实中的“我”统一。

1953年，美国哈佛大学曾对当时的应届毕业生做过一次调查，询问他们是否对自己的未来有清晰明确的目标以及达成目标的书面计划，结果只有不到3%的学生有肯定的答复。20年后，研究者再次访问了当年接受调查的毕业生，结果发现，那些有明确目标及计划的3%的学生，在事业、成就感、快乐及幸福程度上都高于其他人。尤其令人惊叹的是，这3%的人的财富总和，居然大于另外97%的所有学生的财富总和！而这就是设定目标的力量。

下面有一些制订目标的方法，能够让你迅速地制订你自己的目标。

◎确定起跑线，找到你现在所处的位置。对自己有一个客观公正的评价，这是非常重要的。明确自己要达成这些目标的原因。即知道自己内心真正想要的是什么。否则，如果认为达成目标虽然很好，但若达不成也不会带来什么痛苦，就自然缺乏动力，极易半途而废。

◎用一周左右的时间，制订出自己的人生发展目标，可以结合下面几个因素进行考虑：社会因素、个人因素、环境因素和其他因素。可以参阅有关人生目标的确立、选择职业的指导性文章以及成功者的经验，包括人物传记等。

◎根据自己的长远目标，制订出中期目标和近期目标。不积跬步，无以至千里；不积小流，无以成江海。事实上，大成就是由小成就所累积的，大目标是由小目标的实现所逐步达成的。短期目标要具体、明确，容易达到，便于检查；中期目标要有衔接性、系统性；长期目标要有激励性、令人向往。所有目标必须明确、具体、特定、有时限，而且难度适中。

◎制订出奖惩措施。选好目标的提示方式，时时强化自己不要忘记。你可以多制订出几套方案，让自己和他人评价比较，然后从中选择出最适合自己的人生目标。制订目标时，要先大后小，执行时则相反。要先从小目标开始做起，与此无关的统统放在一边。每当设定的目标达成时，便会增强你的自信心，当自信心增强的时候，你的行动力自然也会爆发出来。

◎选定目标后，立即行动。要下定决心，坚持不懈地努力。你的目标没有达成，多半都是由于缺乏坚强的意志品质。

制订目标的时候，你应当综合考虑，慎之又慎，一旦确定，不要轻易更改。但当感觉目标明显不合适时，则应及时予以调整。

去掉你的嫉妒心

嫉妒是因他人比自己优越而产生的不愉快，以心怀不满为特征的一种怨恨、自惭、恼怒心理。每个人的内心深处或多或少都有一点嫉妒心。

有的男孩很清楚嫉妒会让人产生怎样的情绪，同嫉妒相比，他们更乐于愉快地与人相处，并学习他人好的方面；有的男孩对自己各方面的能力很有信心，他们与嫉妒基本绝缘；还有的男孩会在不知不觉地对他人产生嫉妒。

小张和小毛原来是一对很要好的朋友，在同一个班级里上学，两人的家又住得很近，小学时他们俩就每天一起上学，一起回家，晚上回家还要一起写作业，整天形影不离。

可自从上了初中后，小张开始疏远小毛，两人平时放学也不一块回家了，周末时小张不再去找小毛玩，小毛来找小张，小张也是不理不睬的，小毛打来的电话小张也不接。

原来，小毛的学习成绩总是比小张要好，老师经常在班里表扬小毛，还让他给全班同学介绍学习经验，而且小毛还是班里的班干部，在班里深受同学们的欢迎。相比之下，小张的学习、人缘等各方面都稍差一些，这让小张很不服气，他逐渐对小毛产生了嫉妒心，不仅有意疏远他，还想着法给他使绊子。马上要期末考试了，班上的气氛前所未有地紧张起来，所有的同学都将精力投入到紧张的复习当中，而小张却常常趁小毛不注意，将他的课本、练习本或其他的学习用品悄悄藏在另一个同学的桌洞里，让他一通好找，或者从花园里捉来一条蚯蚓悄悄放在小毛的书包里，看着他翻书包的时候惊恐地大叫……

好强的男孩在很多方面都可能会产生嫉妒心，比如在学习上，当看到同学的成绩超过了自己，心里便觉得很不舒服；在人际交往方面，看到自己的好朋友与其他同学来往密切，便会生气、怨恨；在特长兴趣方面，看到别人能唱能跳、能书善画，经常得到人们的赞扬时，心中便会愤愤不平，充满妒意；某些人还会因他人的身材、长相、生活条件、生活用品等比自己的强，而产生嫉妒心理。

嫉妒会极大地消耗人的身体和心灵的能量。有嫉妒心的人，常常会因别人在某些方面优于自己而妒火中烧、忧心忡忡，在内心积聚起种种消极的情绪，而且人际关系不良，这极容易导致心理障碍的产生。有嫉妒心的人还会对所嫉妒的对象采取不正当的行为方式，例如用冷言冷语、背后说人坏话、故意给对方设置障碍等方式，设法令对方难堪，打击其自信心。这最终损人不利已，造成害人害己的恶果。

男孩要努力从狭隘的嫉妒心理中走出来，铲除嫉妒这颗毒瘤，可以参考以下这些方法克服嫉妒心理：

第一，加强自己的个性修养，开阔自己的心胸。

男子汉不要斤斤计较，否则会使自己养成狭隘的性格弱点。要努力加强自己的个性修养，培养豁达宽容的人生态度，努力做到

“大肚能容，容天下难容之事”，坦然接受别人强于自己这一事实，因为“天外有天，人外有人”，没有人会在所有的方面都是NO.1，这是客观规律。

第二，学会正确地比较。

如果自己对某人产生了嫉妒心，可以努力找出自己强于对方的地方，比如，对方学习成绩比自己好，但自己可能比对方更乐于助人，自己没有对方长得帅气高大，但画画比对方好。不要太过于关注对方强于自己的地方，而要多看到自己的优点，增强自信。有了较强的自信心，嫉妒心就会减少。

第三，化嫉妒为动力，树立自信心。

嫉妒别人说明自己看到了自身与对方的差距，有了嫉妒心，不要始终沉溺在被人落在后面的痛苦中，而要将消极的嫉妒转化为积极的努力。此时，不妨激励自己去奋发努力，通过正当的途径去与人竞争，努力超过别人。可以说，克服嫉妒最好的办法就是努力学习对方身上的长处，弥补自己的短处，努力赶上并超越别人。

男孩只有尽量远离嫉妒，才能获得好人缘，才能为自己的成长发展扫清道路，更快地进步和成熟，也更容易取得成功、获得幸福。

男孩试炼：集中注意力

你是否因为自己无法集中精神而苦恼呢？如果真是这样的话，你可能就需要训练自己的注意力了。

小虎是个淘气的男孩，这一天他被班主任叫进了办公室。因为数学老师向班主任告状，说他上课的时候总是心不在焉的，不但摇头晃脑，还趁他转身的时候，对着别人做鬼脸，惹得全班同学哄堂大笑，严重扰乱了课堂秩序。

其实，早在幼儿园的时候，小虎就显得比其他人更加好动，而且他非常不喜欢听老师讲课。上小学以后，这种情况有增无减：上课时不遵守纪律，好晃椅子，分散全班同学的注意力——这些成了家常便饭。尽管每一次老师批评他以后能够保持一会安静，可是不到10分钟，小虎马上就有新的手段和方法，总而言之，他成了老师眼中的刺头儿。

这也难怪，因为小虎是个精力特别旺盛的男孩，他特别喜欢看电视。碰上自己爱看的节目他常常能够一连看上两三小时。做作业的时候也是这样，他最爱做的事情就是边做作业边玩游戏，桌上摆满了乱七八糟的东西。

老师们都说小虎的脑子并不笨。要是他能够专心学习的话，肯定要比一般同学学得还快，可就是因为好动分心，让他的学习成绩一直不大好。这让小虎很苦恼：怎样才能集中注意力，改掉自己三心二意的坏毛病呢？

注意力对一个人来说非常重要，简单地说，注意力就是指做事的时候能不能“聚精会神”。要知道，在我们的生活中，每时每刻都有大量的信息呈现在我们的眼前，而这些信息之中，只有一部分是有意义、合乎我们需要的，还有一部分信息则与我们正在做的事情无关，甚至还会起到干扰作用。而注意力，就是让我们以最直接的方式达到目的的一种行为。

1945年7月16日，美国新墨西哥州阿拉莫戈多的沙漠上突然腾起了一团耀眼的火球，地面上猛烈的冲击波席卷一切，天空中响起了阵阵雷霆般的吼声——这是人类第一颗原子弹试爆的情景。当时在场的一位将军心有余悸地描写道：“简直就像几千个巨型炸弹一起爆炸，震耳欲聋。”

在这天崩地坼的时刻，却发生了一件出人意料的事情。站在现场不远处、主持原子弹研制工作的科学家之一的费米教授，却完全没有听见那一阵“巨大的雷霆”。他在全神贯注地撒小纸片，看冲击波能把它们吹多远，由此来推算核爆炸的威力。冲击波过去后，他抬头看看迅速升起的蘑菇云，奇怪地问：“怎么，没声音？”

费米教授的听觉出了问题吗？不，只不过是因为他把自己的注意力高度集中到了小纸片上，以至于“耳不旁听”了。

这个故事看起来是不是很酷呢？人们要想感到真正的快乐，就必须把全部注意力集中在一件事情上。比如，专心地谈话，仔细地品味食物，聚精会神地看电影。也就是说，只有当我们不把注意力分散在多个任务上时，我们才会享受到真正的快乐。

不过，不少男孩都存在着注意力不能集中的问题，就像故事里面的小虎一样，并不是他不想集中注意力，而是自己根本就不能控制自己的行为。为此，这些男孩没少受到老师和家长的“教训”，一个接一个地陷入了苦恼之中。

亲爱的小读者，你可以通过下面的行为，来判断自己是否存在注意力不集中的情况：

◎上课的时候，总是经常东张西望，做小动作，比如玩钢笔、抓耳挠腮等。

◎不能服从老师的指令，不遵守课堂纪律。遇上一件小小的事，就反应强烈，情绪激动，并好长时间平静不下来。

◎总是想着与同桌说话，不能专心做作业。

◎做作业速度慢，别人一个小时就能完成的作业，你要拖到3～4个小时。

◎不喜欢阅读文字书，尤其是篇幅较长的书。经常爱看漫画书，并乐此不疲。

◎行为比较急躁冲动，集体活动中不能像别人一样遵守规则，不能等待，表现为急不可耐。

◎课外作业的质量很不稳定，有时很好，有时则很差，甚至牛头不对马嘴。

◎特别喜欢做具体的数学题，而不爱解决与听、说、读、写、记有关的作业。

对于男孩来说，怎样在上课的时候集中注意力、避免走神，可以说是一件困难的事情。那么，有什么办法，可以让我们集中注意力呢？下面有几种简单的方法，也许能够让你摆脱困境。

正坐自然、心平气和

小小的坐姿，往往会影响到我们整个人的心态。古人说读书要“正襟危坐”，就是强调坐姿的重要。注意力的分散往往从坐姿不正开始。课堂听讲时，胸微挺，腹微收，不要伏在桌子上或靠在椅子上。

养成良好的睡眠习惯

很多男孩睡得晚，结果早晨不能按时起床，即便勉强起来，头脑也是昏昏沉沉的，一整天都打不起精神，有时甚至在课堂上伏桌睡觉。8～14岁男孩每天正常的睡眠时间要保证8个小时，这也是提高白天的学习效率、保证时间利用效率的一个重要方面，只有会休息的人才会学习。

学会自我减压

很多男孩把成绩和考试看得很重，自己给自己加压，必然会变得疲惫、紧张和烦躁，变得不堪负重，心里面得不到片刻的宁静。别把成绩的好坏看得太重。一分耕耘，一分收获，只要我们平日努力了，付出了，必然会有好的回报，又何必让忧虑占据心头，去自寻烦恼呢？

充分利用零星时间

零星时间看似很少，利用价值很小，但集腋成裘，聚沙成塔，将零星时间集合起来，就是宝贵的整段时间。

清理书桌

将书桌上与你此时学习内容无关的其他书籍、玩具等物品全部清走。在你的视野中，只有你现在要学习的科目。这样做能减少吸引注意力的外界干扰，使自己迅速进入主题。

提高时间的利用效率

一天的时间里，人不可能始终都保持同样的旺盛精力。根据自己的特点，分出轻重缓急，合理分配时间，可获事半功倍的效果。就像清理书桌一样，将在自己心头此时此刻的各种无关的情绪、思绪和信息收掉，在大脑中就留下你现在要进行的科目。上课前紧握拳头默念“现在上课了，我一定要集中注意力”，自我提醒在心理上会产生“启动效应”。刚开始你可能做不到，但慢慢地你会发现自己能够控制自己了。

做些集中注意力的训练

舒尔特方格是在一张方形卡片上画上1cm×1cm的25个方格，格子内任意填写上阿拉伯数字1～25的共25个数字。训练时，你只要用手指按1～25的顺序依次指出其位置，同时诵读出声。

见下图：

13	7	25	6	11
17	21	3	24	18
2	9	1	14	10
12	22	16	5	23
20	8	19	15	4

17	3	11	21	13
6	10	24	4	19
14	7	22	15	8
20	18	1	25	23
9	2	12	5	16

7	18	22	10	4
15	2	6	14	17
9	12	20	8	24
21	5	3	25	1
13	23	16	19	11

假如你能坚持每天练习这样的图表一遍，你的注意力水平，包括注意的稳定性、转移速度和广度，肯定可以得到大幅度的提高。

运用这种方法的时候，你可以自制几套卡片，绘制表格，任意填上数字。从1开始，边念边指出相应的数字，直到25为止。一边用手指点，一边念出来，越快越好。计时开始。你用的最短的时间是多少秒呢？你能在30秒内完成吗？

男孩们的37条“军规”

◎早上一定要吃早餐，没有吃的话也一定要喝杯水。

◎洗手后不要随意甩手，水甩到别人身上很不礼貌。

◎擦桌子的时候要往自己的方向抹。

◎吃饭要端碗，不要在盘子里挑拣。

◎吃饭的时候尽量不要发出声音。

◎吃完饭退席时说：“我吃完了，你们慢吃。”

◎给人递水递饭一定是双手。

◎递刀具给别人要记得递刀柄那一端。

◎盛饭或端茶给别人时，如果中间隔了人，不要从别人面前经过递，而要从别人后面绕过递。

◎别人给倒水时，不要干看着，要用手扶扶，以示礼貌。

◎帮别人倒茶倒水之后，壶嘴不要对着别人。

◎站有站相，坐有坐相。

◎坐椅子不要翘起来。

◎最后一个进门要记得随手关门。

◎送人走要说：“慢走。”

◎遇到那种往里往外都能开的门，拉而不是推。

◎屋里有人的时候，出门要轻手关门。

◎去别人家里，不要坐在人家的床上。

◎如果问别人话，别人不回答你，不要不停地问。

◎当别人和你说话的时候，你起码要能接话，不能人家说了上句，你没了下句，或者一味地说着“啊啊啊”和“是是是”。

◎听别人说话的时候，眼神不要游移，这样显得很没礼貌。

◎学会聆听。

◎接打电话第一句话一定要是“喂，您好！”挂电话的时候等别人先挂。

◎有人盯着你看的时候不要直视对方，假装没注意到。

◎不随地吐痰扔东西，如果没有垃圾箱，就拎回家扔垃圾筒里。

◎走路手不要插在口袋里。

◎有时候孤单是正常的，不要害怕，要自己调剂。

◎不揭别人的短处。

◎说到就一定要做到，做不到的就不要承诺。

◎不要贪财，钱再多也有花完的时候。

◎晴带雨伞，饱带干粮——未雨绸缪总是好的。

◎生活中会遇见各式各样的人，你不可能与每个人都合拍，但是有一点是四海皆准的：你如何对待别人，别人也会如何对待你。

◎别人批评你的时候，即使他是错的，也不要先辩驳，等大家都平静下来再解释。

◎简单的事情复杂做，复杂的事情简单做。

◎机会只留给有准备的人，天上不会掉馅饼。

◎ 不管什么条件下，仔细刷牙，特别是晚上。

◎ 要对自己的行为负责，不要怨天尤人，在做之前要想想应不应该，出了事要学会自己解决。

当你面对不公平的时候

为什么某某长得比我帅！

为什么某某的家庭条件比我的强！

为什么某某在学校里总是得到老师的关注和照顾！

……

真是太不公平了，怎么会有那么多的不公平呢！这些不公平又是哪里来的？什么是公平？公平又是由谁来决定的呢？是我们的爸爸妈妈，还是我们的老师决定的？

谁能够来帮助你解答这些问题，又有谁能够帮助你来解决这些“不公平”呢？这两个问题的答案倒是显而易见——没有人。不要认为会有人为你解答这些问题，这些问题的答案必须由你自己去寻找。

没有人能够决定你的公平，真正的公平完全由你自己来决定。生活本来就是不公平的——每个人的出身、性别、家庭、长相都不相同——造物主在创造人类的时候并不是带着一颗公平之心的。

几米有一首小诗，写的很有意思：

犀牛要我向左走，大象要我向右走。

乌鸦要我向前进，乌龟要我向后退。

毛毛虫要我笑嘻嘻，金龟子要我泪涟涟。

天使要我乐观进取，魔鬼要我堕落放弃。

都是别人的错……

全都是别人的错……

自己真的一点错都没有吗？当然不是，只有失败者，才会把所有的原因归咎别人。对于男子汉来说，一切的不公平都已经成为既定事实，只有懦弱的人才会把时间浪费在抱怨上。他们会平心静气地接受这个既成事实，让自己更加的坦然、平静。要知道，你再怎样抱怨也是没有效果的，只会让自己在人生的赛场上跑得更慢、更费力。当那些带着胜利笑容的同龄男孩们冲向终点的时候，你还在抱怨着“不公平，太不公平了”，这有用吗？可以改变不公平的状况吗？与其这样，还不如好好地调整自己，使劲地向前跑吧！

我的一个好朋友曾经给我讲过这样一个故事：

上帝在10个人面前把1、2、3、4、5、6、7、8、9、0这10个数字摆出来，说道：“你们去取吧，但每人只能取一个。”

人们争先恐后地上去，把9、8、7、6、5、4、3都抢走了。取到2和1的人，都说自己运气不好，得到的太少了。

可是，有一个人却心甘情愿地取走了0。

有人说他傻：“拿个0有什么用？”

有人笑他痴：“0是什么也没有呀！要它干啥？”

这个人却说：“从0开始嘛！”说完，他便开始埋头苦干，开始孜孜不倦地干起来。他获得1，有0便成为10；他获得5，有0便成了50。他一心一意地干着，一步一步地向前。

他把0加在他所获得的数字后面，便十倍十倍地增加。他终于成为最富有、最成功的人。

我的这位朋友，是我在大学的室友，当时的他是笑着讲述这个故事的。可我知道，他之所以会对这个故事印象深刻，恰恰是因为他曾经遭遇过太多的坎坷和不公平。家境贫寒、生活清苦、身体瘦弱、不受父母喜爱……只要是你能够想到的“不公平”，几乎都能在他身上找到。可是他却从来没有抱怨过，他的目光始终是清澈而明亮的，甚至于当他在宿舍泡着一包方便面的时候，你都能从他的举动中读出一种风度，就像一位国王在检视着自己的花园一般。在他的身上，你看不到一丝一毫的不公平，公平本来就不需要用什么来证明。

在我看来，这位朋友也许不是最优秀的，但一定是最有自制力的。他并不是一个一心捧着书本苦读的书呆子，他喜欢运动，也喜欢游戏，每天一小时——这是他为自己制订的计划，他是我见过的唯一一位能够将自己的目标贯彻到底的同学，这一点让我格外地钦佩。事实上，通过自己的努力改变自己的生活，这样的例子每时每刻都在发生着。因为能够正视自己，所以可以笑得格外美丽。

当我们身边的一些人为了某些小小的不公平抱怨甚至放任自流的时候，总有这样一些人，他们总能很好地控制着自己的方向。对他们来说，不公平并不是什么了不起的阻碍，相反却是生活赐予的一种财富。微软总裁比尔·盖茨曾经给年轻人写了十一条忠告，第一条就是：生活是不公平的，你需要去适应它。

坦然地面对生活中的不公平，通过自己的努力去适应并且改变这种不公平，这才是我们最需要的。要知道，你可以公平地选择对待生活的态度，公平地选择对待快乐的态度，公平地选择你自己的时间……这些难道不比那些原本就存在的不公平更值得你为之欢呼、为之高兴么？

当你的嘴里冒出了“不公平”这个词时，就像你们开始学着走路、学着说话、学着思考、学会爱一样，能够提出这个问题，本身就证明了我们成长了。

许许多多的“不公平”让你觉得烦恼和痛苦，就像脸上悄悄爬上了青春痘，可是别忘了天下不是只有你一个人长青春痘！记住，这些小问题只是生命中的插曲，很快便会过去了，只要你正确地处理好，别让它干扰你的情绪，你会发现，它并不像你想象中的那么难以对付。

曾经看到一段非常精彩的话，摘下来和正在看这本书的你共享：

你不能决定生命的长度，但你可以扩展它的宽度；
你不能改变天生的容貌，但你可以时时展现笑容；
你不能企望控制他人，但你可以好好掌握自己；
你不能全然预知明天，但你可以充分利用今天；
你不能要求事事顺利，但你可以做到事事尽心。

我的钱包我做主

小鹏现在一所寄宿学校读初中，每个周末回家一次。在交了所有的住宿费、书费、学杂费之后，父母每周还要给他50元零花钱，作为购买学习用品、生活用品等的费用。小鹏在小学时基本没有零花钱，因为所有的学习和生活用品父母都给他准备好了，连同在校的午餐费也都是父母提前交够的。现在有了零花钱，小鹏突然觉得自己很“富有”。

可是这50元零花钱小鹏每次都花得精光，在买了必需的练习本、钢笔水之类的学习用品之后，小鹏就会想着办法把剩余的钱都花掉。比如买一些明星贴纸、买些看着好玩的小饰品、买零食、请同学吃冰激凌等。

爸爸知道这件事后，把儿子叫到身边，问他：“小鹏，你是不是每周50块钱全都花了啊？”

“是啊，你们给我钱不就是让我花的吗？”小鹏说。

“是让你花的，但这些钱你是不是都花在必要的地方了呢？把一些不必要花的钱省下来存起来，说不定你以后有更需要钱的地方呢。这样不是更好吗？”爸爸说。

“这怎么省、怎么存啊？”小鹏迷惑地问道。

“来，爸爸告诉你怎么更好地支配这些钱……”

很多男孩都有了一定数目的可以自己支配的零花钱，这其实是一个很好的锻炼自己的机会。一般来说，青春期孩子的自我控制能力还不强，因而很多男孩就常常会把口袋里的零花钱胡乱花掉。事实上，把零花钱存起来比胡乱花掉更有意义。

把零花钱存起来而不是胡乱花掉对于青春期男孩来说有很多好处，可以在很多方面让自己得到锻炼。比如，通过制订合理的消费计划，明确哪些钱该花、哪些钱不该花，可以培养自己的理财能力和安排自己生活的能力；通过控制自己的某些欲望，不去乱花钱买自己想要的东西，可以培养自己的自我控制能力；利用存起来的钱参加更有意义的活动比如慈善捐款、参加夏令营活动等，可以优化自己的个性、增强自主性，等等。

比利时青少年处理零花钱的做法可以给男孩一些借鉴。

比利时的青少年每月都可从父母那里得到不同数目可以自由支配的零花钱。一般来说，他们从10岁开始每月就可得到零花钱了。10至12岁的孩子每月从父母那里得到的零花钱相对少些，平均为14.8欧元（1欧元相当于人民币11元）；13至14岁的孩子平均每月为25.8欧元；到了15至16岁，平均每月36.5欧元；17至18岁的孩子已经接近成年，在零花钱上的待遇就强多了，每月平均可从父母那里得到56.3欧元。

比利时孩子如何支配这些零花钱，父母一般都不过问，由孩子自由决定。而这些孩子并非只懂消费，很多孩子都懂得理财之道。例如，这个年龄段中80%的孩子有自己的银行储蓄账户，1/3的孩子会将自己零花钱的半数存到银行里，以留待支付比较大的、自己想要的东西，比如购买自己喜欢的游戏盘和CD盘，买一辆摩托车等。鉴于手头财力有限，很多孩子平时花钱时都很懂得自我限制，从不乱花钱，否则就得不到自己更想要的东西。

因而，男孩要学习一下比利时青少年的做法，不要把零花钱乱花掉，而是认真地计划好自己的日常开销，可到银行开一个自己的账户，在支付了必要的日常费用后，把剩余的零花钱存起来。

和爸妈相处应该怎么做

一休原本是日本历史上的一位真实人物，他是日本佛教史上一位很有影响的禅师。一休的母亲是室町时代天皇的一位妃子。为了保护儿子，避免他因为残酷的宫廷斗争而夭折，她带着幼小的一休离开了皇宫，在寺庙里栖身。

大家或许不知道，《聪明的一休》片尾曲，其实就是身在寺院的一休写给母亲的信。

一

母亲大人：

您好吗？

昨晚，我在杉树的枝头，看到一颗明亮的星星。星星凝视着我，就像妈妈一样，非常温柔。星星对我说：不能沮丧哦，是男孩子嘛；如果寂寞的话，来找我说话。什么时候呢？大概……

就写到这里，期待您的回信，母亲大人。

一休

二

母亲大人：

您好吗？

昨天，寺里的小猫被邻村的人带走了。小猫哭了，紧紧抱着猫妈妈不放。我对小猫说：乖，别哭了，你不会寂寞的。你是个男孩子，对吧？会再见到妈妈的。什么时候呢？……一定会的吧。

就写到这里吧，期待您的回信，母亲大人。

一休

你是否感到和父母的意见不能完全一致？你是否在生活方面经常和父母发生争执？所有这些争执和冲突是否都让你感到有压力？和爸爸妈妈相处也是有窍门的，你知道吗？试试下面的方法，来找寻一些安宁。

将你和父母经常发生争执的事情列一张清单。

弄清楚是什么让你如此心烦或生气——是因为父母不同意你的意见让你十分恼火呢，还是因为他们不明白或不愿了解你的观点使你心烦意乱？

确定一个公正合理的妥协方案——一个既能让你接受，也能被你父母采纳的解决方案。注意：妥协意味着你得放弃一些你的要求，这并不是说你就可以随心所欲了。

安排时间和父母谈谈，别在吃饭的时候谈，而是事先约定好，告诉他们你有个重要的提议。

谈话时带上你的发言提纲，这样可确保你在情绪激动时不会离题。你甚至可以考虑像发表演讲一样，向你的父母宣读这个发言提纲。

在和父母谈话前，做几次深呼吸，冷静地思考一下。向自己承诺，即便是在父母声调提高的时候，你也不大声说话或生气。

当你陈述完毕，再深吸一口气，然后让你父母说话。倾听他们要说的话。即使你不喜欢他们说的那些话，也要心平气和，敞开你的胸怀认真听。

避免感到压抑或沮丧。不要打断他们，不要插话进行反驳。要认真听取并理解他们所说的话。

如果父母反对你的提议，注意力集中，情绪不要激动。感谢他们能抽出时间来商议，同时也对你们之间不能达成妥协表示失望。

如果父母接受了你的提议，应表示感谢，并保证你不会让他们失望。然后你要做出必要的行动，以向他们表明你支持他们所做出的正确决定。

无论结果如何，做父母要求你做的事。通过配合他们对你的期望，你建立了信任，展现了成熟。作为回报，将来有一天他们会更乐意松动自己的立场。

如果议题非常敏感，你们最终也未能达成一致，问问他们，究竟要你怎样做才能让他们考虑你的建议。

向他们发誓一定按他们说的做，并问他们是否同意数周后再议此事。

如果结果让你失望，别大发脾气。回你的房间，在日记里写下你的感受；或到户外去骑车；或者痛揍枕头来发泄怒火。

主动交流。每天找出一点儿时间，比如饭前或饭后，主动和爸爸妈妈谈谈自己的事，与家人一起分享你的喜怒哀乐。

创造机会。每周至少和爸爸妈妈一起做一件事。

认真倾听。当被父母批评或责骂时，不要急着反驳，试着平心静气地先听完父母的想法，说不定你会了解父母大发雷霆背后的理由。

主动道歉。如果你做得不对，不要逃避，不要沉默不理，主动道歉，往往会得到父母的理解。心动不如行动，从现在就开始吧！

原来就这么简单

有个男孩对母亲说：“妈妈，你今天好漂亮。”母亲问：“为什么？今天妈妈明明和昨天一样啊？”男孩回答：“因为妈妈今天没有生气。”

TIP ※原来要拥有漂亮很简单，只要不生气就行了。

有一个人去应征，随手将走廊上的纸片捡起来，放进了垃圾桶，被路过的考官看到了，他因此得到了这份工作。

TIP ※原来获得赏识很简单，养成好习惯就行了。

有个男孩在脚踏车店当学徒。有人送来一部坏了的脚踏车，男孩除了将车修好，还把车子擦拭得漂亮如新，其他学徒笑他多此一举。车主将脚踏车领回去的第二天，男孩被请进了他的公司上班。

TIP ※原来出人头地很简单，吃点亏就行了。

有个牧场主人，叫他孩子每天在牧场辛勤工作，朋友对他说：“你不需要让孩子如此辛苦，农作物一样会长得很好的。”牧场主人回答说：“我不是在培养农作物，我是在培养我的孩子。”

TIP ※原来长大很简单，吃点苦头就行了。

有一个网球教练对男孩说：“如果一个网球掉进草堆，应该如何找？”有人说：“从草堆中心线开始找。”有人说：“从草堆的最凹处开始找。”教练说：“按部就班地从草地的一头，搜寻到草地的另一头。”

TIP ※原来寻找成功的方法很简单，从一数到十不要跳过就行了。

一只住在田里的青蛙对住在路边的青蛙说：“你这里太危险

了，搬来和我住吧。”路边的青蛙说：“我已经习惯了，懒得搬了。”几天后，田里的青蛙去探望路边的青蛙，却发现他已经被车子轧死，暴尸路边。

TIP ※ 原来掌握命运的方法很简单，远离懒惰就行了。

有一家商店经常灯火通明。有人问：“你们店里用的是什么灯管？那么耐用？”店主回答说：“我们的灯管也常常坏，只要常常更换就行了！”

TIP ※ 原来保持明亮的方法很简单，只要常常更换就行了。

有一只小鸡破壳而出的时候，刚好有一只乌龟经过，从此以后小鸡就背着蛋壳过了一生！

TIP ※ 原来摆脱沉重的负荷很简单，放弃固执和成见就行了。

在一场激烈的战斗中，一架敌机正飞速向阵地俯冲过来，正当班长准备卧倒时，突然发现离他不远的地方有一个小战士还在那儿直愣愣地站着。班长顾不得多想，一下子扑了过去，将小战士紧紧压在身下。一声巨响过后，班长站起来拍拍落在身上的泥土，正准备教育这位小战士，回头一看，惊呆了——原来自己所处的那个位置已被炸成一个大坑。

TIP ※ 原来帮助自己很简单，努力帮助别人就行了。

著名画家梵·高在成名之前，曾在一个矿区当牧师。有一次他和工人一起下井，在升降机中，他陷入巨大的恐惧。颤巍巍的铁索轧轧作响，箱板在左右摇晃，所有的人都默不作声，听凭这机器把他们运进一个深不见底的黑洞，这是一种进地狱的感觉。事后，梵·高问一个神态自若的老工人："你们是不是习惯了，不再感到恐惧了？"这位坐了几十年升降机的老工人答道："不，我们永远不习惯，永远感到害怕，只不过我们学会了克制。"

TIP

※ 原来克服困难很简单，忍耐住每一刻的恐惧就可以了。

有一群蛤蟆，举办竞赛，竞赛规则是：谁先到达一座高塔的顶端，谁就赢得胜利。周围有一大群动物在看热闹。

竞赛开始了，只听到围观者一片嘘声："这也太难了！它们根本就爬不上去，无法达到目的，这不是自讨苦吃吗？"蛤蟆们开始泄气了。可是还有一些蛤蟆在奋力摸索着向上爬去。

围观的动物继续喊着："太艰苦了！你们不可能到达塔顶的！"许多蛤蟆被说服停下来了，但有几只蛤蟆一如既往地继续向前，并且更加努力地向前。

比赛结束，几乎所有蛤蟆都半途而废；只有一只蛤蟆，以令人不解的毅力一直坚持了下来，竭尽全力到达了终点。

动物们都很好奇，想知道为什么它能坚持下来到达终点。这时，大家才发现——它是一只聋蛤蟆！

TIP

※ 原来到达终点很简单，坚持自己的方向就可以了。

有记者问爱迪生成功的第一要素是什么，爱迪生这样回答：“能够将你身体与心智的能量锲而不舍地运用在同一个问题上而不会厌倦的能力……你整天都在做事，不是吗？每个人都是。假如你早上7点起床，晚上11点睡觉，你做事就做了整整16个小时。对大多数人而言，他们肯定是一直在做一些事，唯一的问题是，他们做很多很多事，而我只做一件。”

TIP

※ 原来想要做好一件事很简单，把你所有的注意力都放在上面就可以了。

一个好汉三个帮

还有什么东西能比一群有头脑、心地善良正直的朋友更能丰富一个人的生命呢？作为一名男子汉，他将是一个真正重视自己朋友的人，他会心甘情愿地花费时间和精力去维护那珍贵的友谊，而一个真正珍视友谊的人，他也一定能够拥有更多忠诚的朋友——那些在自己面临逆境时仍然全力支持的朋友。

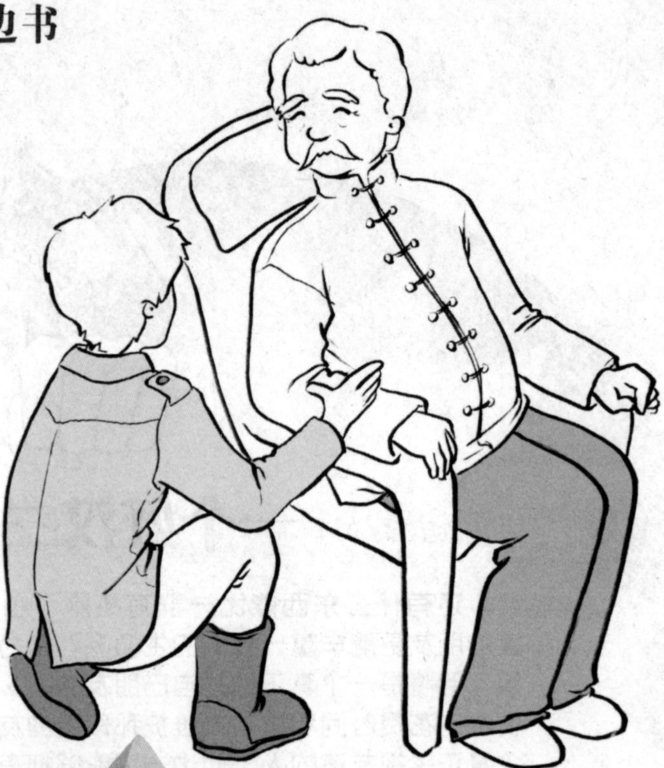

怎样赢得好人缘

那是发生在20世纪30年代一个德国小镇上的事。

镇上有一位犹太传教士，每天早晨他总是按时到一条乡间土路上散步。无论见到任何人，这位传教士都会热情地打一声招呼：“早安。”

其中，有一个叫米勒的年轻农民，他并不喜欢这位犹太传教士，每次都是一脸漠然地离开。这也不奇怪，那时候的德国人

对传教士，尤其是犹太传教士，态度一向很不友好。然而，年轻人的冷漠，并没有改变传教士的热情，每天早上，他仍然给这个一脸冷漠的年轻人道一声早安。终于有一天，这个年轻人脱下帽子，也向传教士道一声：“早安。”

好几年过去了，纳粹党上台执政。

这一天，传教士与村中所有的犹太人一起，被纳粹党集中起来，送往集中营。在下火车、列队前行的时候，有一个手拿指挥棒的指挥官，在前面挥动着棒子，叫道：“左，右。”被指向左边的是死路一条，被指向右边的则还有生还的机会。

传教士的名字被这位指挥官点到了，他浑身颤抖，走上前去。当他无望地抬起头来，眼睛一下子和指挥官的眼睛相遇了。

传教士习惯地脱口而出：“早安，米勒先生。”

米勒虽然没有过多的表情变化，但仍禁不住还了一句问候：“早安。”尽管声音低得只有他们两人才能听到。

最后，传教士被指向了右边——因为一句话，他成为了生还者。

常有男孩会问：“我该怎么做，才能成为一个有好人缘的人呢？”“为什么有的同学人缘总是那么好，哪怕是不经意的言行都能得到大家的认可。而无论我怎么努力学习也做不到？”也许，有的人天生就有获得好人缘的资质。

想知道你是否有好人缘的潜质吗？不妨做做下面这个小测试。

在一次测验后，你凭借优异的成绩和巨大的进步得到了老师的表扬，课后有同学祝贺你，你的做法是：

1.表面谦虚或不屑一顾，心里暗自得意：“我天生就聪明，就是比你们聪明。”

2. 羞怯地回答：“跟你比起来差远了。”心想：我一向笨拙，考得好一些大家便这样安慰我。

3. 生气地吼：“我知道自己以前学习不好，犯不着你现在来提醒！”

4. 很真诚地跟他道谢，并且告诉他：“只要你努力，同样也可以做到！”

你的选择是什么呢？

显而易见，第四种男孩的做法是最受人欢迎的。那么，为什么前三种男孩的做法会有这样的差距呢？因为心态不同。在与别人的交往中，怀着积极心态的人，自然就会做出悦人的言行，促进与他人关系的发展；反之，若怀着消极的心态去与人交往，不但难以收获和谐的人际关系，反而会让自己陷入困境之中。

第一种男孩，他持有一种心态“我行，你不行”，他常常会肯定自己否定别人，简单地说就是自大自傲。瞧瞧刚才情景测试中A选项的同学，难道不是这样子吗？除了学习成绩，长相、穿着打扮、家庭富裕程度、社会地位还有个人的观点都有可能成为这类同学否定的对象。

第二种男孩的心态则是“我不行，你行”。持有这种心态的人，否定自己肯定别人，很自卑。他会觉得自己笨，不如别的同学，所以连老师和同学们的夸奖也不能给他信心。“我长得不好看。”“我没有什么特长。”“这次考试我又考砸了。”如果你的朋友整天都在给你传递这样的负面信息，你会喜欢他吗？

第三种男孩则是一种“你不行，我也不行”的心态。他既否定了自己，同时也否定别人，是极端的悲观主义者。在生活中，这种

男孩就像一只刺猬，谁要是接近他，就会被他狠狠地刺伤。

第四种男孩，抱着“我行，你也行”的心态，既肯定自己也肯定别人。他能宽容别人的缺点，欣赏别人的优点。对自己和别人都不会追求完美，容易和别人相处。

怎样才能成为第四种男孩呢？你必须学着去调整自己的心态，努力做到：

积极主动交往

其实在交往中，主动一点不仅可以形成和谐的人际关系，而且还能锻炼自己的胆量，培养自己大方、慷慨的气度。你可以和那些与自己有相同兴趣或爱好的同学建立亲密的伙伴关系，这一点是很容易做到的。而那些与你一样的同学，更容易被你所吸引。他们会主动地团结你，一起玩，一块分享好吃的。在活动中大家就会得到锻炼，慢慢变得开朗、大方起来。

尊重每个同学

俗话说：“种瓜得瓜，种豆得豆。”这条朴素哲理同样适用于人际交往，可以说，你若处处尊重别人，得到的回报就是别人处处尊重你，尊重别人其实就是尊重自己。

乐于帮助同学

人是需要关怀和帮助的，尤其要十分珍惜自己在困境中得到的关怀和帮助。帮助同学不一定是物质上的帮助，简单的举手之劳或关怀的话语，就能让同学产生久久的感动。特别是你如果能做到帮助曾经伤害过自己的人，不但能显示出你胸怀博大，而且还有助于“化敌为友”，为自己营造一个更为宽松的人际环境。

寻找同学间的共同点，产生共鸣

人与人之间，如果能主动寻找共同点，使自己的思想爱好能与他人趋同，就能够使人们之间增进友谊，结成朋友。

共同点有哪些呢？比如说：其他同学的正确观点和行动、有益身心健康的兴趣爱好等，都可以成为你取得友谊的共同点、支撑点。为此，你应响应和主动沟通，以便取得协调一致。当同学取得好成绩获奖时，你应为其欢呼，为其喜悦；当同学遇到困难、遭遇不幸时，你应把别人的困难、不幸当做自己的困难和不幸……做到同甘共苦，你身边的要好朋友一定会越来越多。

做人要大度宽容

为人处世要明白一个浅显的道理：人与人是不同的，每个人都有其独特性，有独特的爱好、追求、性格，甚至怪僻，而且人与人频繁接触，难免会磕磕碰碰。因此，在人与人的交往中学会大度和宽容，就会营造出一个亲密无间、融洽无比、互帮互助的人际关系。

勇于诚恳道歉

有时候，一不小心，可能会碰坏同学心爱的玩具；自己欠考虑，可能会误解别人的好意；或者一句无意的话，可能会大大伤害他人的心……如果不小心伤害了同学，就应及时真诚地道歉。这样不仅可以弥补过失、化解矛盾，得到同学的谅解，而且还能促进双方心理上的沟通，缓解彼此的关系。把道歉当成耻辱，将有可能使你最终失去朋友，人缘越来越差。

一个人要想赢得好人缘，最好尽量减少自己的过失。曾子说："吾日三省吾身。"你应不断检讨自己的过失、提高个人的修养才是。

当然，要把上述6个方面融会贯通、面面俱到并不容易，但只要用心去做，尽力去做，你的人缘就会越来越好。

结交知心朋友的办法

每个人似乎都有自己的朋友了，可自己却总是孤单一个人；

课间休息或午餐时间没有朋友在身边，感觉真孤独。

你会产生这样的感觉吗？你希望交些新朋友吗？

从小学四五年级到中学这段时间里，你变得和过去不一样了。你不再像以前那样整天腻着爸爸妈妈，在学校这个小社会里，你会有更多的同学和朋友。

他们的生活背景和家庭环境都不一样。如果在班级里没有良好的人际关系，很可能会让你变得内向、孤僻。相反，如果你能够拥有良好的人际关系，就能够使自己的生活更愉快，精神更振奋，身体更健康。由此可见，作为一个男子汉，作为一名大部分时间都生活在学校和班级里的男生，怎么搞好人际关系，怎样使自己成为一位受欢迎的人，就显得尤为重要了。

那么，怎样才能结交到知心朋友呢？这并不是一件简单的事情，你需要调整自己的态度，注意自己的言行，并且改变一些让人变得沮丧的情绪。而这些，需要自己时时刻刻投入关注。

听过一个名叫《回声》的小故事，讲得就是一个小男孩改变自己态度的故事。

从前，有一个骄傲的小男孩，他从来就没有听说过回声。有一次，他独自站在旷野里对着四周大喊：“喂！喂！”附近的小山立即反射他的回声：“喂！喂！”

他觉得很神奇，又高喊：“你是谁？”回声答道：“你是谁？”

小男孩兴奋地尖声大叫：“你是蠢材！”立刻又从山上传来“你是蠢材！”的回答。

这下可捅了马蜂窝，愤怒的男孩立即向着小山骂起来。当然，小山也毫不客气地回敬他。最后，筋疲力尽的男孩只能垂头丧气地回了家。

小男孩把这件事告诉了自己的妈妈。妈妈对他说：“孩子，如果你恭恭敬敬地对它说话，它就会和和气气地回答你。在生活中，不论男女老幼，你对人家付出了爱，人家也会给予你爱；如果我们自己吝啬，那也不会得到人家的友善相待。”

听了妈妈的话，小男孩若有所思地点了点头。

第二天他对着远处的大山高喊：“你好啊！”这一次，大山也柔柔地回应他“你好啊”。

对于上了中学后的你来说，不再像过去那样腻着自己的爸爸妈妈了，大多数的时间你会在学校里度过。学校就像一个小社会，你会有很多很多的朋友。这些同学都来自不同的家庭，拥有不同的家庭背景和生活环境。你怎么对待别人，别人就会怎么对待你，只有发自内心地去喜欢别人，并努力地使他们喜欢你，才能真正得到别人的尊重和认同；相反，如果你不注意自己的行为和态度，还像过去那样随意的话，别人也就不会认同你，甚至还会对你敬而远之。

要记住，朋友总是多多益善。寻找机会与他们打招呼，面带微笑，亲切友善。就从环顾你的教室开始吧——在课间休息时你想和哪些男孩一起玩耍，就主动和他们分享或表示称赞。邀请他人与你一起玩耍，或者在学校食堂里说：“你好，我能够坐在这里吗？”课间休息时，走到你想与其一同玩耍的男孩身边，友善地说：“嗨，我能一起玩吗？”或干脆直接加入。

如果你没办法这么做，或者感到害羞，可以请老师帮助你结交新朋友。老师通常很善于撮合朋友。结交朋友最好的方法就是表现得像个朋友。亲切友好，与人分享，言谈积极，乐于助人——用不了多久，你将会拥有一个、两个，甚至更多的新朋友。

你必须了解一件事：你不可能让每一个人都满意。不过，人既然是一种社会性的动物，你要做的就是学会如何与人融洽相处。下面有一些基本常识，它们能够让你的交友大计事半功倍。

问候挂嘴边

要面带微笑，祝愿他人拥有开心的一天（或者一天中的任何时间）。这对他人没什么害处，还能给他人留下大方随和的印象。

乐于分享

袋子里常备薄荷糖或一块巧克力，问问别人是否也想尝一尝，同时递给他们。

伸出援手

一些简单的举动——例如帮别人提东西或是帮他们拉门——就能产生不俗的效果。

笑脸迎人

这也许是最简单的自我介绍方式了。微笑是我们作为人类的要素之一。微笑比皱眉所用的肌肉少得多是大有原因的：大自然也希望我们多微笑。

尊重他人

这个世界充满了差异，但是偏见早就过时了。所以，学着肯定他人的独特之处并尊重他们。这也是让他人包容你独特个性的唯一方法。

以下是帮助你与他人相处的五个禁做项：

别太敏感

过于敏感对你来说真的没什么好处。如果你为了一些鸡毛蒜皮的事情而大吵大闹，不妨问问自己：“我为什么会被这件事触怒？我为什么觉得生气？”自我反省会让你发现，这实际上根本不算什么。

有时，你的朋友会对你开玩笑，大多数情况下，这些都是戏谑的话语，并不是要有意冒犯你。只要它并没有真正触犯你的自尊和原则，你也不妨和他们一块开心大笑吧！

别乱发脾气

你很容易发脾气吗？为一点小事动怒会让人们远离你。如果你经常生气（或者看起来像生气的样子），你的朋友就会对你敬而远之，即便你自己并不想要这样。这种易怒的态度让你变得难以接近。太多怒气会带来很大压力，这对你也没有一点好处。如果你生气的话，试试深呼吸，然后从一慢慢数到十。

别惹恼他人

惹人生气的方式有很多种，即便这只是你的无心之失。不要指望所有人的每一天都能一帆风顺。我们的心情都会有起伏的时候。如果你感到别人心情不好，希望有一点独处的空间和时间，那就赶紧闪开。如果别人坦诚地告诉你，你的某个习惯让他们心烦，那么你最好开始有所改变。

别说长道短

没有人喜欢在背后说人坏话的人。你也许是校园八卦的活跃人物，但每个人都会开始讨厌你的所作所为。每散播一次流言蜚语，你的可信度就会大打折扣。

别高傲自大

这个世界容不下过分自负的人。你完全没有理由瞧不起别人，所以不要带着一种纡尊降贵的态度。每个人都有脑子，你并不清楚他人有多大的真本事。

交友完全守则

首先要保持自己的特色。如果人们不喜欢保持特色的你，或许你不应该待在他们周围。

努力使自己过得开心，这将使你在外表上容光焕发！

考虑在你附近做些社区服务活动。这将是会见人们的主要途径。

一周给你的朋友至少通一次电话来沟通信息和看一下他们在做什么事情。对你的关注他们会非常高兴。告诉他们你对他们的感激。

铭记他们生活中重要的事情，如他们喜欢的东西或他们的生日。

如果你们两个曾经发生争执，要首先道歉。即使你不说对不起，至少要因与他们发生争执而表示歉意。然

后，不要再打搅他们，允许他们告诉你为什么他们会对你发疯，以及他们认为你应该为此做什么。

永远不要因为你更加喜欢别人而抛弃老朋友。这是一个错误。

对每个人的个性给予认可，永远不要打击任何人或努力试图去改变某个人（尤其是他们并没有做伤害或冒犯你的事情时）。这会传达出不安全感。

寻求“真正的”朋友。虚伪的朋友将会毁坏友谊而不是建立友谊。

做一名“真正的”朋友，无论生活如意还是不如意都要忠贞不渝，跨越时间和距离，无论好天气或坏天气。永远付出你的爱，总是充满希望，坚持不懈。

聆听别人的意见。保持沉默要比多说话更好。

永远不要脱口说出朋友的秘密！这样你不仅会失去朋友的信任，而且还会失去周围每个人的信任。

永远信任自己对别人的内在感情。如果你感到某人（看起来非常善良）并不是可以交朋友的合适人选，那么就继续向前吧。

如何巧妙地向朋友道歉

小刘和好朋友这两天闹了别扭，谁也不服谁，谁也不肯向对方认错，两人的关系就一直这么僵着。

“小刘，你跟好朋友道个歉吧，你们的关系这么僵，我看着就难受。”有朋友这样劝道。

“凭什么呀？明明他也有错，我那天给他说了对不起了，可他居然还先动手打我，这样的人就是欠揍。反正我是坚决不会向他求和的。”想也没想，小刘一口回绝了好友的劝解。

在接下去的几天里，小刘和自己的好朋友谁也不愿意让步，两人都很烦恼。其实，他很想先跟好朋友道歉，可自己就是抹不开面子，这件事情真让他犯愁。

想要让对方认真对待你的道歉，你就必须对给别人造成的不便、伤害表示懊悔。试着站在别人的立场上考虑问题，表示你知道自己的所作所为（或者无所作为）给对方造成的感觉。设身处地为对方考虑是道歉最重要的组成部分。只有当你真正站在对方的立场上时，对方才能感受到你的诚意，你的道歉才能像融化剂一样融掉他或她心底的坚冰。

道歉不仅仅是说一句“对不起”那么简单。我们向对方道歉，就是承认我们的所作所为伤害了别人或者有可能伤害别人，希望能予以弥补。

虽然道歉后我们会感觉好点，但是其实我们的内心还是会有一股相反的力量，想保护我们的自尊心和自己的形象。之所以不愿道歉，是因为道歉就要承认自己有缺陷、不完美。道歉就是要把自己的自尊心放到一边，承认自己的缺点和错误。

你还需要对自己的一切行为承担责任。就是说，你不会把自己的行为归罪于别人，也不会寻找什么借口，而是对自己的所有行为及造成的后果承担全部责任。

最后一点，你需要向别人说明，你愿意弥补自己的过错。你可以承诺争取不再犯这样的错误，或者补偿你给别人造成的损失。

道歉最关键的两个基本点就是目的和态度。只有当你的歉意是发自内心的，而且你愿意为此承担责任的时候，对方才会感觉到你的诚意，道歉的目的才能达到。因此，如果伤害了某个人，男孩要学会勇敢而巧妙地向对方道歉。

有时候，人们会因为害怕承担责任而不愿道歉。很多人害怕，即使自己道了歉，对方也不会领情。还有的则害怕道歉可能会暴露自己的缺点，失去别人的尊重，从而可能毁了自己的名声。正因为这些顾虑确实有可能发生，才使道歉变得更有意义。道歉是一种重要的社会礼仪，它需要人们拿出勇气，表现自己谦虚的一面，同时它也要求一定的技巧。

道歉要及时而真诚

道歉之事不宜拖延，并且要真诚，越是拖延往往越体现不出自己的诚意，缺乏诚意的道歉不仅不能消除误会，还会加深彼此的隔阂，有时候错过道歉机会或道歉缺乏诚意会让人追悔莫及甚至遗憾终生。

灵活采用道歉的方式

道歉是一门艺术，方式亦可多种多样，如果自己觉得道歉的话说不出口，可以用别的方式来代替。比如可以送一件小礼物表达歉意，通过第三人转达歉意可避免自己当面致歉的尴尬，可以替对方做一件事情，或给对方写一封道歉信，等等。所有的道歉方式都需有这样一种表示：我对彼此的隔膜深感难过，真心地说声“对不起”，并盼你能接纳这份歉意。

要给对方发泄心中不快的机会

如果是自己对不起对方，就要给对方发泄心中不快的机会。让对方将心中的怒气发出来，是挽回友谊的好办法，如果对方的怒气始终淤积在心中，彼此的关系就难以修复。

只要掌握并积极运用以上道歉的小技巧，就会很容易地化解矛盾双方心灵的坚冰，让友谊天长地久。

为什么要让着女孩子

期末考试结束了，为了让大家放松心情，这个周末，在学校的安排下，班里组织同学去郊区游玩、野炊。他们雇来一辆大巴，星期天天刚蒙蒙亮，全班50多名同学就兴高采烈地准备出发。

小虎是个从小娇生惯养的男孩，什么事都不想吃亏，什么好事都想争第一，自然对郊游是兴趣十足。可是，这一次他却玩得很不痛快。因为他总是抢先得到各种好处，连女孩子的便宜都要占，被同学们数落“没有绅士风度”“缺乏教养”。

大巴车来了，小虎第一个冲到车前，着急地先上车占了个好座位。没想到，老师一下子喝住了他：“小虎下来，女士优先，懂吗？”虽然很不情愿，小虎还是乖乖地下了车，因为班里的女生多，女生们都上车落座之后，小虎没有抢到好座位，心里很不舒服。

下车后，要乘船过河，小虎又要抢先上船，“女生先上”，班长又一次推开了小虎；体育委员去买了冷饮回来后分发给同学们，小虎抢先去接，体育委员缩回手说：“女生先来。”这下，小虎不解地抱怨：“为什么总是女生优先啊？为什么我要让着女孩子？”

男孩谦让女孩，是很多国家都奉行的一种社交礼仪，这种礼仪的形成一方面与男女本身的性别差异有关，另一方面与社会对男性和女性的性别期待不同有关。

从整体上来说，女性比男性要处于“劣势地位”。比如，女性的体格不如男性高大健壮，女性还要承担生儿育女等消耗体力、体能的任务，社会要求男性要勇敢、大度、坚强，要承担照顾女性的重任，对女性的要求则会相对宽容一些。当然，社会的性别期待与人类发展历史、社会发展程度也有很大关系。

男孩子多礼让女孩子，才能体现出男女平等，体现出社会的文明和进步。他们指出，男生像绅士，女生才会像淑女，男生谦让女生是符合社会性别期待要求的，也是符合社会文明发展方向的。针对这一问题的实际调查也显示，绅士型的男性更受欢迎，女性更喜欢具有绅士风度、能够谦让女性的男性，而具有良好修养的男性也更期望能谦让女性，因为这给了他一种心理满足感。

男孩谦让女孩，不但培养自己的男子汉气概，还可以让自己成为一个受女士欢迎的绅士。具体来说，可从以下几个方面努力。

尊重女孩的愿望和要求

男孩应该大气一点，在一些不违背原则的事情上要学会尊重女生的愿望和要求，比如，男孩为了教室通风要打开窗户，但女孩因为怕冷而不想开窗户，此时，男孩要尽量尊重女生的要求而关闭窗户。当然谦让不是指可以过分迁就，涉及原则的事情就不能总是尊重女孩的愿望和要求。如何把握好谦让的这个度就是一门艺术了，其前提是不要给双方带来较大的身心伤害。

把优先享受的权利让给女孩

“女士优先”的重要一点就是男孩要把优先享受的权利让给女孩，比如一起吃饭时先让女孩动筷子，吃水果时先让女孩挑选，乘车时先让女孩就座，观看电影时让女孩坐在更好的位置，在外同行时让女孩走在安全的一侧，等等。把优先享受恩惠、好处、便利的权利让给女孩，这体现的是男孩对女孩的关怀和爱护，体现的是对女孩的尊重和支持，男孩要努力做到这一点。

应对困难时抢在女孩前面

如果是体力活，男孩力气大，就要多做一些，值日时重活、累活、脏活要抢先做，把轻松的任务让给女孩子，搬重物时，男孩要勇于承担起来；遭遇危险时男孩要挺身而出，遇到不确知是否有伤害或危险的事情时，男孩要勇于做“第一个吃螃蟹的人”；女孩遇到困难时，男孩要乐于相助。

只要用心做好了以上几点，相信每一个男孩都会成为有修养、颇受女孩欢迎的真正的绅士。

收到“情书”了，怎么办

男孩收到了女孩的情书，这是一件值得庆贺的事情，因为这说明他长大了，开始吸引异性的目光了，开始受到异性的喜爱了。所以，男孩没有必要为此感到羞耻或者不好意思，更不必为此有过重的心理负担。

接下来，男孩在决定如何处理这样一件事之前，首先要明白以下几个问题，然后细心地想一想该怎样回复这个写情书的女孩。

要明白自己当前的主要任务

处于青春期的男孩正是学知识、长身体的重要时期，这一时期人的身体各器官尤其是性器官正处于发育的阶段，记忆力、思维能力、学习能力、精力和热情等都比成人更强、更旺盛，从这个意义上说，青春期是人生中学习和成长的“黄金时期”。因而，学好文化知识、锻炼和培养较强的身体素质、心理素质、思想素质等是青春期男孩的重要任务。如果错过这一黄金时期，以后培养各方面的能力和素质就会事倍功半。

要了解青春期男孩女孩喜欢和爱慕异性的特点

严格说来，青春期男孩女孩的感情根本算不上是爱，充其量只是一种朦胧的好感、一种表面的喜欢罢了，他（她）只是被对方某一个表面的优点所吸引，比如帅气、美丽的容貌，动听的声音，温柔或勇敢的性格，他（她）还不能全面而深入地了解对方。异性相吸是自然界的法则，也是人类社会的法则，尤其对于青春萌动的中学生，男女两性相吸引是很自然的事情，男孩只要有某一点或几点被异性欣赏的优点，就很容易吸引女孩的目光和心灵。

明白什么是真正的爱情

真正的爱情是需要与责任相伴随的，真正的爱需要给对方幸福。而要让对方幸福需要很多条件，比如一定的物质条件，爱人的能力，解决现实中困难的能力，与对方同甘共苦的能力，正确处理双方家庭及朋友关系的人际交往能力，等等。而处于青春期的男孩对自己都负不了责任，还要在经济、生活、情感上依靠父母，当然也就无法对喜欢的女孩负责任了。所以说，青春期的恋爱只是一种心理上浅层的喜欢，要实践真正的爱情还没有足够的条件。

了解了以上几点，我们就容易想出比较好的办法来对待女孩的情书了。

首先，我们不妨写一封回信表达自己的想法，委婉地拒绝她爱的请求（当然拒绝不一定就代表永远的拒绝，只是激励双方现阶段将精力更多地转移到学习、锻炼各种能力方面）。我们可以这样对她说："感谢你对我的认可，你是一个活泼开朗的好姑娘，我也希望和你永远是好朋友。不过，我们现在还小，还不懂得真正的爱情，我们现在的主要任务是搞好学习，是培养和锻炼自己各方面的能力和素质，你觉得呢？让我们一起为了考一个更好的大学、为了取得各方面更优异的成绩、为了更美好的前程而努力吧，相信到那时，我们会收获更多的幸福。"然后双方都努力将主要精力投入到学习、参加各种活动、做更加有意义的事情的实践中。

然后，继续大大方方地和写情书的女孩交往，就当她是和其他同学一样的好朋友，不要刻意地对她好，也不要刻意地躲避她。同时，要以同样的态度和其他的同学交往，多参加各种集体活动，而且也要鼓励对方这样做。随着学习生活的日渐丰富多彩，也许人的精力就会逐渐从爱情这个问题上转移开，并投入到更加有意义的事情中去。

对于女生的情书，男孩只要处理得好，在尽量不伤害对方的情况下暂时巧妙地拒绝，就会将这种异性间美好的情感转化为努力学习、努力奋斗的精神动力，就会让这种美好的经历成为人生珍贵的回忆。

如何拒绝不正当要求

在生活中，很多男孩会不可避免地遇到别人向自己提出一些不正当的要求。比如，有人要求自己每天都帮助他写作业，有人过生日时要求自己送很昂贵的礼物给他，有人勒索自己或要求自己去偷盗、抢劫，等等。

对于别人诸如此类的不正当要求，如果不答应对方，可能会伤害彼此的感情，甚至会招致对方的报复；但是如果答应对方，就可能会给自己或家人带来某种程度的伤害或损失。因此，在适当的时候，通过一些巧妙的借口为自己开脱是一种聪明的做法。

下面是一些关于如何拒绝的方法和建议，供男孩子参考。

首先要明白，拒绝不代表自私

很多不善于拒绝的男孩常常有一种错误观念，那就是认为拒绝别人就说明自己对对方漠不关心，不顾及朋友的情意，说明自己自私。于是，他就因为害怕让对方灰心，害怕被讨厌、挨批评，害怕损害友情，而无奈地同意了别人的请求，宁愿竭尽全力地为对方做事，也不愿拒绝帮忙，即使自己没有时间也要牺牲自己的利益去满足对方。其实，学会委婉地拒绝对方不正当的要求，同样是一种修养，同样可以赢得别人对自己的尊敬。

培养自信，培养判断是非、自我决断的能力

拒绝的能力与自信有紧密的联系，缺乏自信和自尊的人常常为拒绝别人而感到不安，把不答应对方的要求判断为自己无能。同时，正确应对别人的各种要求，还需要良好的判断是非以及自我决断的能力，比如要明确哪些事情是可以做的，哪些事情是不可以做的，哪些事情是自己能做的，哪些事情是自己没有能力做的，并根据这些判断作出正确的决断。因此，男孩要努力培养自信心，培养自己判断是非、自我决断的能力，在别人提出不正当要求的时候要果断地拒绝。

不必为拒绝而感到愧对对方

如果要拒绝对方的要求，坚决而直接地用语言说出即可，比如："感谢你这么信任我，不过这件事我不能帮你，对不起。"不必为拒绝了对方而过分道歉。有的男孩会觉得拒绝对方的要求是欠了对方，就千方百计地表达自己的歉意，甚至想办法去弥补这种歉意。这是没有必要的，每个人都应该有自己坚持的原则。

不要担心拒绝会惹恼对方

有些青春期男孩不敢拒绝别人的不正当要求，常常是因为害怕自己的拒绝惹恼了对方，害怕遭到对方的"报复"，于是就委屈自己而答应了对方。这种做法常常会让对方"得寸进尺"，使他提出更多不正当的要求。因此，在别人向自己提出某些不正当要求时，男孩要学会勇敢，义正词严地拒绝对方。

说明拒绝的理由，表达对对方的关怀

拒绝对方不正当的要求时，要明确说出拒绝对方的理由，在拒绝的过程中努力表达出对对方的关怀。比如，如果有同学要求自己每天帮助他写作业，可以这样拒绝他：“对不起，我不能够帮你写作业。第一，我的时间不允许，我有很多自己的事情，精力有限。第二，这是更重要的，我觉得我帮你写作业不是在帮你而是在害你。你想，我帮你写了作业，你是省事了，可是学过的知识你不能及时得到巩固，题还是不会做，这样就考不好试，到时候考不上大学你怪谁去？如果你不会做，我可以教你。”相信这样的拒绝会让对方放弃自己的要求。

可见，拒绝并不是坏事，拒绝对方的不合理要求也许暂时会让对方感到难过，但从长远来说，却是对双方都有利的事情。

和朋友打架了，该怎么办

有一则寓言是这么说的：“在一个寒冷的冬日，一群刺猬相拥一起取暖，但是它们很快就被彼此的硬刺给扎痛了。这样，它们被迫分开。可是，为了取暖，它们的身体又再度靠近，身上的硬刺又再度把它们扎痛了。刺猬就被这两种痛苦反复折磨，直到它们终于找到了一段恰好能够容忍对方的距离为止，而后相安无事地世代相处下来。”

刺猬是一种很有趣的动物，一遇到外界的刺激，哪怕是再轻微的刺激，刺猬也会立刻把全身坚硬的刺竖起来，人们常常会把那些过于敏感的人称作是“刺猬人”。他们就像刺猬一样，只要稍微一点点刺激，就会产生剧烈的反应。

很多男孩都具有刺猬人的特性，每当和自己的朋友发生某些矛盾时，他们往往容易冲动起来。把事情弄得一团糟。其实，原本没有什么大不了的，两个人只要态度好些就没什么，但是在很多同学看着的情况下，他会觉得自己要是服软了的话，那该多没气势啊，多没面子啊！于是就和自己的朋友发生肢体冲突，通过打架来发泄怒气。打着打着围观的人越来越多，自己要是那个时候掉头走了，更是没骨气呢，好吧，一定要打赢才行。到了这个时候，围观越起劲，打得也越起劲；越劝架，也是打得越起劲。

虽然打架可以在一定程度上平息自己的怒气、发泄怨气，但这却容易伤害双方的身体和心灵、伤害双方的感情。就像在木板上钉一颗钉子，即使再拔出来，也会留下难以消除的孔。和朋友打架，无论自己怎么道歉，给对方的伤害总是难以消除的。也许身体上的伤口容易愈合，但心灵上的伤口却难以恢复。

所以，男孩要懂得珍惜友谊，要学会妥善处理朋友之间的矛盾和冲突。当你觉得气恼的时候，先数到十，然后再说话；假如你的怒火正旺盛，那就数到一百。那么，有没有什么办法可以让你控制自己的情绪，避免打架这一最坏的结果出现呢？心理学家们提出了三“不”建议：

首先，说“我”不说“你”。当我们开始用“你”句式的时候，就已经把对方逼到一个自卫的角落里。所以他的第一个自然反应就是捍卫自己，然后反攻。这时，沟通就立即停止了。

其次，不对你的朋友大加嘲讽。嘲讽是最蹩脚的伎俩，除了激怒对方外没有任何作用。

最后，不要试图打断朋友说话。你之所以会抢白或打断对方，是因为你认为你完全知道他想说的是什么。如果你拒绝倾听，那么对方怎么会愿意倾听你的想法呢？在争吵时，常常用“你是说……吗”和“你的意思是……”句型重复对方说过的话，可以大大减小理解偏差，达到聆听目的。

要知道，朋友是我们人生中非常宝贵的财富，缺少了友谊，我们的人生就会暗淡无光。万一，如果你没有控制好自己的情绪与行为，和朋友打了架，你可以这样解决你的烦恼：

真诚而及时地表示歉意

无论你和朋友之间有着怎样的矛盾和冲突，打架都不是最好的解决办法，只有真诚地沟通和交流才能更好地解决问题。因此，如果和朋友打了架，无论对方曾经怎样伤害过自己，都要为自己向对方动手打架而道歉，当然，道歉要真诚而及时。道歉之后要与对方真诚地进行交流，把自己的想法真诚地向对方说出来，并了解对方真实的想法，这样才有助于消除双方的矛盾和冲突。

学会忘记，学会宽容

很多时候，朋友无意中的一句话或是一个动作会伤害你，他们这么做的时候常常是无心的。因为就算是最要好的朋友也总会有摩擦。我们要学会忘记朋友给自己的伤害，多记着朋友对自己的好，要学会宽容别人的错误，努力做到“把朋友对自己的伤害写在沙子上，把朋友对自己的好刻在石头上”。

用行动来弥补自己的过失

打架总会对朋友造成伤害，在不可控制情绪和行为的情况下失手与朋友打了架，我们除了真诚地向对方道歉并加强沟通交流之外，还可以努力在以后的生活中用自己的行动来弥补过失行为，你可以主动和对方分享自己的“珍宝”，或是在他需要帮助的时候努力去帮助她。

总之，打架绝不是解决朋友间矛盾冲突的好办法。作为一名男子汉，控制自己的情绪远比发泄自己的怒火更加难能可贵。学会了宽容，学会了大度，学会了控制自己冲动的情绪和行为，才能让彼此间纯真的友谊长久不衰。

优秀棒球手要知道的事

◎球伴的技术越好，你赢的可能性就越大。

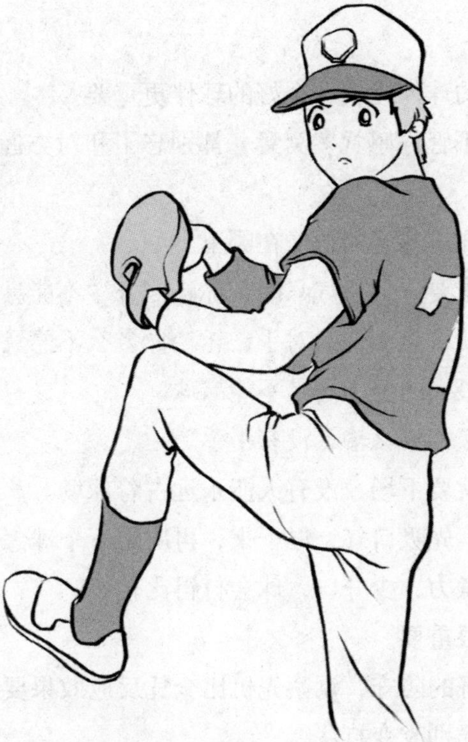

◎Love（爱）是网球计分中“零”的意思——成功从“爱”开始。

◎不管你球多棒，一定有人比你更棒，因此，别骄傲。

◎不管你球技多差，一定有人比你更差，因此，别泄气。

◎你有时赢，有时输，赢球的感觉比较好，但输球可以让你清醒。

◎一个人不能进行。

◎球赛规则很荒谬——比如它的计分用love，15，30，40。但如果你要玩，就得遵守这些规则。

◎早到的人才能占到球场。

◎风吹歪了你的球，也吹歪了对手的球，别找借口。

◎抱怨、发火都不能改变既有的事实和得分。

◎做一个好的球伴比找一个好的球伴更重要。

◎输球后，不管你感觉多窝囊，都别忘了和对方握个手，笑一下。

◎要清楚地知道球场的边缘在哪里。

◎运气当然重要，但运气只能帮你赢一分，不能赢一场。

◎要赢球，就得直面你的对手，无论你多么不愿意。

◎有时尽了最大的努力还是不能赢球。

◎比赛要么赢，要么输，没有平手。

◎球打完后就要下场，没有人能永远占着球场。

◎紧要关头，先吸口气，慢下来，再决定下个球怎么打。

◎多集中注意力，少开口，球会打得比较好。

◎准备动作很重要。

◎攻击是最好的防守，洞察先机比全凭反应效果要好。

◎在赢的时候别改变打法。

◎在落后的时候要有耐心，不要犯不必要的错误。

◎不管今天谁输谁赢，明天太阳照样从东方升起。永远记住，这只是一场游戏而已。

◎ 会用力气没有会用控制力气好。

◎ 为了赢球而失掉朋友不值得。

男子汉的成长密码

成长的过程原本就不是一个迅速而剧烈的过程，每个人都有不同的成长节拍，谁都不可能在一夜之间变得成熟。我们的身体有它自己的规律，它会按部就班地完成每一次的蜕变。给自己一点点生长的时间，不要一味地羡慕别人，要养成良好的习惯，只需要顺着自己生理成长的节奏发展就可以了。

我们正在慢慢长大

每一个男孩都会有这样的经历，当他们告别懵懂的儿童时期走进青春的花季时，一夜之间似乎一切都变得不同了，身体开始出现一些微妙的变化——嗓子变粗了，个子变高了，唇边出现了细小的茸毛……身体发育的其他迹象也依次出现了。这些悄悄发生的变化会让每一个男孩觉得惊讶和迷惘：“自己的身体和以前不一样了，该怎么办？”

在我看来，要回答这个问题其实很简单。你只要坦然地面对这些变化，把它们当成一件最自然不过的事来对待就行了。

看过这样一个故事：

有一天，小公主正在园子里玩耍的时候，一只小虫子不小心飞进了她的眼睛。小公主用手揉了揉眼睛，发现眼睛痛得很厉害，于是她放声大哭起来。她想，她的眼睛一定是坏掉了。身为国王的女儿，她实在是被宠坏了，她一直不停地哭叫。当医生想要给她用药的时候，她总是拒绝医生的任何治疗，而且不停地揉着眼睛。这样，小公主的眼睛变得越来越坏。国王很焦急，宣布谁能够治好他的女儿，他就给他一大笔奖赏。很快，一个自称是著名医师的男人来了，但他并不仅仅是一名医生。

他宣称他能顺利地治好小公主的病。于是他被批准进入小公主的房间。在他检查完之后，他惊叫道："哦，我太难过了！"

"怎么了？"小公主问他。

医生说："你的眼睛没有什么大问题，但是其他方面有个非常严重的问题。"

小公主被吓着了，她问："到底是什么问题那么严重？"

他犹豫地说："这真是太不幸了，我不能告诉你。"无论她怎么强调，医生都拒绝告诉她。他说除非得到国王的同意，否则他不会说出来。

国王来了，医生还是犹豫着不肯说出他的发现。最后国王下了命令："告诉我们到底发生了什么事。不管怎样，你必须告诉我们。"

最后医生才说："眼睛将会在几天之内逐渐好转——这不是问题。最大的问题是，小公主将会长出一条尾巴，而且尾巴会长到6英尺那么长。它会长得非常快。如果小公主能够第一时间察觉它的出现，我就能阻止它的生长。"

小公主很震惊。她很害怕长出一个长尾巴。于是，她整天待在床上，用尽心思来观察尾巴什么时候会出现。这样，很快小公主的眼睛就好了。

医生治好小公主病的秘诀就在于，他巧妙地转移了小公主的注意力——小公主太过关心自己是否会长出一个长尾巴，而忽视了自己的眼睛疼。对我们来说也是一样，太在意自己身上的那些变化，就容易过分地放大这些问题，让我们的注意力一直围绕着这些问题打转。实际上这些变化原本就是长大过程中必须经历的，只要我们

保持一份良好的心态，冷静地对待这些问题，过段时间回头再看，就会发现当初的烦恼简直不值一提。

还是在我上小学的时候，家里添了一台电冰箱。当时，我很喜欢做一件事，那就是和比自己高出很多的电冰箱比高矮。为了看看自己成长的速度，每过一段时间我就和电冰箱比一下高矮，然后在电冰箱上做一个记号。整个小学阶段，尽管我在不断地长高，却总也比不上电冰箱高。这让我变得越来越沮丧，渐渐地也就不再有和电冰箱比高矮的兴趣了。

上中学后的一天，我突然发现自己的个子比电冰箱还高出了一点儿——初中一年的时间里长得居然比整个小学阶段都要快。而且，我还发现身上的肌肉似乎也增长了许多。这些变化让我有些惴惴不安："长这么快正常吗？我是不是不正常呢？"

这些疑问就像影子一样紧紧地跟着我，怎样都摆脱不了。于是，我开始仔细观察周围的同学，看那些和我一样的男孩们身上有些什么变化。尽管身边的每一个男孩似乎都在发生着同样的变化，可我还是觉得自己身上的变化显得很不正常。

14岁的某一天，我在无意间发现自己的乳头有些突起。这让我大惊失色，要知道班里的男生们个个都是胸部平平，只有那些女孩子的胸部才变得突起。我开始担心起来，担心一觉醒来就变成一个女孩子，还担心自己会变成奇怪的"无性人"。这些担忧就像一个沉重的包袱，让我变得惶恐不安，吃不下饭也睡不好觉。直到有一天，我终于鼓起勇气向老爸请教，这才知道青春期并不是只有女孩的乳房会发生变化，男孩的乳房同样也会发生一系列的改变，只是男孩比女孩发育得晚一些，程度低一些。现在看起来，那时候的我真的傻透了，竟然会认为自己会变成一个女孩子。

不要笑，说不定你也犯过同样的错误呢。对男孩子来说，只有经历了这些变化，才能成长为像自己爸爸那样成熟的男人。长大以后的我，渐渐懂得了只有用一种坦然的态度对待这些令自己难堪和烦恼的生理问题，才能走出青春的生理误区，获得真正健康、自由的美好心态。

有一句谚语说得好："使你疲倦的不是脚下的高山，而是鞋里的一粒细沙。"不要小看这些烦恼，因为这些烦恼就像鞋里的细沙一样，让你的生活变得无序而紊乱。而这些烦恼，大都是因为无知造成的。所以，当你遇到令自己难堪或者烦恼的生理问题时，你可以坦然地向你的父母、老师或者其他信得过的大人请教，也可以和自己的好朋友大大方方地进行讨论，让这些烦恼在不经意间烟消云散。

成长的过程原本就不是一个迅速、剧烈的过程，每个人都有不同的成长节拍，谁都不可能在一夜之间变成一个成熟男人。我们的身体有它自己的规律，它会按部就班地完成每一次的蜕变。给自己一点点生长的时间，不要一味地羡慕别人，要养成良好的习惯，顺着自己生理成长的节奏发展，对你来说，只需要记住一点就可以了：我很正常，而我的身体正在按照自己的节奏健康成长。

男孩判别自己进入青春期的七大指标

体重及身高剧增
性器官发育和开始制造精子
有梦遗现象
声音转为低沉
阴毛以及腋毛开始生长
有汗臭、青春痘的现象
出现喉结和胡子

嗓子为什么突然变粗了

小凡最近非常苦恼，因为同学们时常嘲笑他的声音变得像"唐老鸭"，变粗的嗓音让他受到了老师和同学的一些误解。

去年，因为父母调动工作，小凡也不得不转学到了另一个城市读书，这样他就只得和最要好的几个朋友分开了。来到新学校已经快一年了，有一天，小凡突然想起应该给原来的好朋友打个电话，交流一下在新学校的见闻和收获。可是几个电话打下来，让小凡有些哭笑不得，也有些苦闷。

女同学晨晨刚接到小凡的电话时说：“小凡，你是不是感冒了？一定要去医院啊，输了液很快就会好的。”哥们儿丁丁在电话中跟小凡说：“喂，我说老哥，你怎么说话像唐老鸭啊，搞什么名堂？”而同桌小李则对着话筒一本正经地说：“你应该是小凡的爸爸吧，他在家吗？叔叔，让我跟小凡说话吧？”小凡只得在电话里一次次地跟这些老朋友解释，才最终让他们相信打电话的就是他本人。

还有一次上语文课，老师发现品学兼优的小凡虽然听课很专心但与老师互动不积极，因为老师多次向同学们提问，小凡都只是低头不语，她要求学生分角色朗读《皇帝的新装》时，小凡虽举了手但有些勉强。要知道，在语文老师眼中，小凡是最优秀的学生，他有思想、有头脑，与老师互动很积极、主动，而且小凡朗读课文在班里是最棒的，语文课总会因为小凡而十分活跃。这一次，老师又点了小凡的名，要求他扮演皇帝这个角色朗读。小凡开始读了，但老师对他语气平淡、声音不够清亮的朗读有些失望，小凡这一次朗读远不如扮演其他角色的同学。总结的时候老师只表扬了扮演其他角色的同学，没有表扬小凡。小凡知道，语文老师一直是最欣赏他的，但这一次老师不满的目光让他觉得很失落，这一节语文课他上得有些没劲。

小凡一直很喜欢爸爸那富有磁性的、浑厚的嗓音，他很想知道爸爸是否也是后来才有了这样吸引人的男性声音，于是他决定和爸爸好好谈一谈这个问题。

处于青春期的男孩会开始变声，男孩的变声期一般是在13~16岁，变声期大约可持续半年到一年的时间。所谓变声期是指儿童由童声转变为成人声音的时期，在这一时期，因为儿童的喉头、声带增长而出现声音嘶哑、音域狭窄、发音疲劳、咽喉局部充血水肿等现象，说话或唱歌的声音音域、音色、音调等也会发生很大的变化。

声音的好坏是由声带决定的。声带是位于喉腔中的一对弹性黏膜组织，是发音的主要器官，声带的长短厚薄因人而异，儿童期无论男女声带长度均为6～8毫米，所以发出的声音为童音，高而尖细。而青春期的男孩，声带变宽、变厚，因而声音变得粗犷低沉，嗓音变粗。

处于变声期的男孩要特别注意讲究用嗓卫生，保护好嗓子。否则，可能会引发声带疾病，影响声带正常生长。

那么，处于变声期的男孩，该如何注意用嗓卫生、保护好嗓子呢？下面是几点建议：

注意饮食调理

处于变声期的男孩要多吃一些富含胶原蛋白和弹性蛋白质的食物，如猪蹄、猪皮、蹄筋、鱼类、豆类、海产品等；多摄入含B族维生素和钙质的食物，如芹菜、番茄、蛋类、豆类、动物肝脏、新鲜水果、鱼虾、牛奶、豆制品等；少吃炒花生仁、爆米花、锅巴、坚果类及油炸类硬且干燥的食物，以免对喉咙造成机械性的损伤；多饮水，使咽喉得到滋润，但不可喝太烫、太冷的水；少吃酸、辣、苦味等刺激性的食物，如大蒜、辣椒、生姜、韭菜等，少喝冷饮，因为这些食物都会刺激气管、喉头与声带；忌烟酒，因烟酒中的有害物质会影响声带的生长发育；进食时宜细嚼慢咽，忌快速进食，谨防食物中的砂粒、鱼骨刺伤咽喉部的组织。

正确地使用嗓子

有的男孩喜欢大声说话、唱歌，随心所欲地大喊大叫，这常常使他这一时期异常娇贵的声带出现充血、水肿，或者发生声带小结或声带息肉，轻者导致发音疲倦无力，严重的会出现声音嘶哑、咽喉炎，甚至出现呼吸困难、不能说话等现象。因而，处于变声期的男孩注意不要滥用嗓子高声喊叫或无节制地大声喧哗，不要长时间地高声唱歌或朗读，避免过度用嗓，否则可能导致终生声音嘶哑。发现声音嘶哑或说话、唱歌疲劳时要立即息声休息，避免刺激声带、避免其过度疲劳。

保持良好的生活习惯和情绪

要注意劳逸结合，生活有规律，保证睡眠充足，不熬夜，每天保证7小时以上的睡眠时间；冬天注意保暖，尽量不要穿低领的衣服，避免口腔、喉部受冷，避免感冒引起咽喉部不适；多参加一些体育活动，每天进行锻炼以增强体质、增强免疫力，这对声带的健康发育也很有好处；保持积极的情绪状态，避免过度焦虑、紧张等消极情绪。

青春期的男孩只要注意以上几个问题，保护好自己的嗓子，就会顺利度过变声期，最终会拥有浑厚的男性嗓音。

青春痘不可怕

相信很多处于青春期的男孩都会因为脸上影响美观的痘痘而烦恼，注重自身在别人眼中的形象的他们也会想尽各种办法来消灭“青春痘”。

青春痘的医学名称是粉刺，之所以叫青春痘，是因为它的高发期是在青春期。青春期的男孩脸上、后背、胳膊等处长青春痘是比较普遍的现象。中医理论认为，青春痘是一种可由多因素引发的皮肤病，男孩长青春痘的原因主要有以下几个方面：

◎遗传因素影响；

◎激素分泌旺盛所导致，因青春期是男性激素分泌旺盛的时期，因而更易长青春痘；

◎皮脂腺分泌旺盛，使得油腻的皮脂混合正常脱落的角质细胞囤积在毛囊中，就形成了青春痘；

◎环境原因，如城市污染，气候炎热，化学有害气体污染等；

◎饮食原因，喜欢吃辛辣油腻等食物，吸烟、饮酒等都可以引起青春痘；

◎不良的生活习惯和情绪，如休息不好，生活不规律，睡眠不足，压力过大，上火，性格急躁，情绪不佳，这些因素都容易导致青春痘生长。

一般来说，男孩到25岁以后，进入了发育成熟期，体内各种激素基本处于平衡状态，青春痘就会减少或自愈。处于青春期的男孩长了青春痘不要有任何思想负担，不要过分在意，同时还要注意以下问题：

注意保持个人卫生

青春期的男孩如果不注意个人卫生，就更容易长青春痘。因此，每天要经常用干净的水清洁面部、脖子等裸露的部位，勤洗澡，勤换衣服；要保持枕巾、枕头套、被褥等的清洁，因为枕头套、被单等更容易堆积死细胞、螨虫、灰尘、头皮屑等脏东西，而且睡眠时长时间接触肌肤，更易使细菌滋生、繁衍。

不可用手挤、捏、抓青春痘

经常用手挤、捏、抓非但于事无补，还可能会引起化脓导致皮肤感染或淤血，形成面部皮下组织损伤，留下难以消除的疤痕。

注意饮食调节

平时要保持清淡的饮食，少吃高脂肪、油炸的食物和甜食，不吃刺激性的食物如葱、蒜、辣椒等；要多吃水果、蔬菜，多喝水。

养成健康的生活方式

不吸烟，不喝酒，避免烟酒中的有害物质加重青春痘；按时休息，保证睡眠，加强锻炼，保持有规律的生活习惯。

保持愉快的心情

心情压抑、紧张焦虑也会增加男孩长青春痘的几率，而愉快的心境是治愈青春痘的良方。因此，青春期的男孩要注意保持轻松愉快的心情，避免出现过于紧张、焦虑等消极的情绪。要努力接纳自身这一不完美的形象，多看到自己的优点，运用积极的自我暗示乐观面对青春痘。

如果青春痘很严重，可采用药物治疗

若青春痘已发展到很严重的地步，比如已经化脓，最好不要自行处理，而是要咨询医生，采用药物来治疗，以免贻误治疗时机。

请记住，青春痘只是生命中的插曲，只要自己能够正确地对待它，别让它干扰自己的情绪，每一个男孩最终都能够战胜青春痘。

如果发烧了的话

发烧是一种常见的疾病，可是很多男孩都对它不甚了解。

发烧，简单地说，就是指人体有意识地抬高体温。

人的体温是由“体温控制中心”预先设定的。正常情况下这个数值是37摄氏度左右，即使处于“体温过高”的状态时，这个预设数值仍然是37摄氏度没有变。发烧就不同了，这时“体温控制中心”主动发出了升高体温的指令，为了满足新的“预设数值”，血液继续不断地离开四肢流向内脏，这就是为什么发烧的人反而会感到寒冷的原因。

既然发烧是人体“自找”的，便有人提出了一个假说。认为发烧很可能是一种正常的生理反应，是有用处的，否则人体为什么会进化出这样一个奇怪的体温控制机制呢？

冷血动物是不会发烧的。它们没有恒定的体温，而是随外界气温的变化而变化。对它们来说，升高体温确实是一种治病的办法。美国生理学家马太·克劳林做了一个实验：他给很多蜥蜴分别注入细菌，由于细菌感染，蜥蜴病了。他又把这些蜥蜴分为两组，一组限制在较冷的地方，结果幸存者只有25%；另一组放在阳光下取暖，体温升高了4℃，结果有75%活了下来。

升高体温既然可以帮助蜥蜴战胜感染，那么发烧也应该可以帮助人体抵抗疾病。无论是由于体内或体外的因素使体温升高，都有助于抵抗疾病。因为体温的升高可以直接杀死一些异质细胞，也可以通过加速白细胞的运动，使白细胞尽快集中到感染部位，同病菌交战。

人的体温之所以能够保持恒定，是因为人体有一套复杂的体温调控机制。当气温过高时，人会出汗，依靠汗水的挥发来降低体温。当气温过低时，人会打哆嗦，依靠肌肉的运动来产生热量。如果这还不够，那就采取丢车保帅的办法，让血液离开四肢，大量流入内脏。先保证重要的器官能在恒定的温度下工作。

体温升高还可以促进干扰素的生长。干扰素是人体排斥异体组织的一种因子，能有效地抵抗病毒，或许也可以抵抗癌细胞。另外，治疗肝癌的办法之一就是用局部加热的办法来杀死那些对热敏感的癌细胞。

这样看来，人发烧倒是件好事。可是，有许多男孩，只要稍有发热，便不分青红皂白地用退烧药，这样做是有害的。药物往往有副作用。退烧药可以退烧，使人的症状得到暂时的缓和，但也恰恰因为这一点而往往将真实的病情掩盖起来，结果耽误了治疗的时机。

发烧往往是炎症的表现，本来就不需要大惊小怪。在许多情况下，发烧是无需药物治疗的。身体的抵抗力增强了，病自然会好。有的男孩体质较差，只要体温升高0.5℃就有主观感觉；而有的男孩体质好，体温升高到38℃，连一点自觉症状也没有。当你发烧的时候，只要体温不是过高，就不必太过紧张。你可以把你的情况告诉你的父母，多喝水多休息。发烧后不要急着退烧，而是应该根据不同情况制订相应的策略。当然了，长时间发烧对你来说是很危险的，还是应该及早退烧才好。

感冒发烧小贴士：

◎毛巾蘸冷水敷额头，用温水或酒精擦手心、脚掌，帮助散热。

◎用温水浸泡手足，或用热水袋热敷使手脚温暖，便于散热。

◎盖好被子，卧床休息，多吃水果，多喝水。

◎口服退烧药，必要的时候去医院。

怎样才能睡得好

对于男孩来说，最痛苦的事情就是起床了。很多男孩可能都曾经有过这样的经历：

前一天晚上，你调好了闹钟，然后早早地上了床（当然这里的“早早”是相对于你自己的标准而言的）。你躲进被子里面，像平常那样很快进入了梦乡。到了第二天早上，闹钟似乎根本没有响起，这时候，妈妈过来轻轻地提醒你该起床了。不知怎的，你竟然起不来了。你无意识地回答道：“好的，我马上就起来。”但是你的身体根本不听你的使唤，头脑里的幻觉一个劲地告诉自己：“好了，我已经起床了。开始洗脸吧，接着是刷牙……”而实际上，你一直都蜷缩在温暖而舒服的被窝里。

人的一生中有1/3的时间是在睡眠中度过。有一位著名的哲学家曾这样评价道：“有三样东西有助于缓解生命的辛劳：希望、睡眠和笑。”科学研究表明，在睡觉的时候，我们的身体里会有很多活动发生，这些活动都由人的大脑所控制。在睡着的这段时间里，身体自动在进行着复原、整合和巩固记忆的活动。如果睡得不好，则会导致白天打盹、压力增大、无精打采、脾气变坏等。这样的结果就是，你的体重增加了，免疫力则降低了，还特别容易感染病毒。

那么，怎样才能知道自己是否睡眠充足呢？通过下面这些问题，可以考察你是否拥有足够的睡眠：

◎需要上闹钟才能及时醒来吗？

◎经常在无聊的会议上、暖和的屋子里、饭后或看电视的时候睡着吗？

◎常常上床5分钟后就睡着吗？

◎经常在星期天睡懒觉吗？

◎白天感觉疲倦吗？

对以上任何一个问题的回答为“是”，就说明你可能需要更多睡眠。下面有一些建议，或许有助于你解决睡不够的问题。

我该睡多久

青少年时期的男孩正处在身体快速成长的阶段，需要充足的休息，这样体内的激素才能在你睡觉的时候更好地发挥它的作用。所以，你需要先确定睡多长时间才能让自己一整天都精力充沛。正常情况下，十几岁的孩子每天需要睡8～10小时。

补睡很重要

每2小时清醒的状态就需要1小时睡眠的补充。假如你的睡眠严重不足，绝不可能在周末补回来，就像我们不可能周一到周五吃得多、不运动，等到周末的时候再外出活动、节食一样。要补充睡眠，你可以打一个高效率的盹，一般在中午，20分钟足够了。

清理大脑

如果你总是为睡眠不足而焦虑，那就更容易睡不着了。试着进行一些放松练习，这种焦虑就可以有所缓解。在你的床边放好纸和笔，在你睡觉之前，抽出一点时间来，把那些让自己感到焦虑的事情写下来，这样一来，你所担心的事就不会影响你的睡眠，半夜你也不会惊醒了。

听听低柔、轻快的歌曲

睡觉时，听听低柔、轻快的歌曲，它们就像是一种催眠歌曲，会播放出如“睡觉很轻松，无需费力。睡眠很轻松，很好……”之类的话。这样，你就会慢慢沉入这个既定的情境中，有助于尽快入睡。

保持合理的睡眠时间

每天在固定时间上床，在固定时间醒来（不用闹钟）——周末也不例外。养成规律的作息时间有助于调节睡眠周期。

洗个温水澡

睡觉之前洗个温水澡，而不是热水澡。洗个热水澡可以让人放松，可是它同样会使你的体温暂时升高。当你睡觉的时候，你的体温又会自然下降，这个过程可能会影响你的睡眠质量。所以，洗澡的时候最好把水温相对调低一点，以减少身体适应温度变化的过程，这可以让你睡得更好。

做深呼吸

可以做深呼吸，用5秒吸气，然后屏住呼吸5秒，最后吐气，重复3次。此动作可以产生令人放松的物质——内啡肽，让大脑尽快平静下来。

尽可能放松自己

晚上睡觉前2小时内不要看电视或上网，睡前洗个热水澡，关灯前看会儿闲书……这些小事都可以帮你睡个安稳觉。尽管游戏中明亮闪烁屏幕并不会影响你的睡眠，但是大多数的男孩却会因此而觉得过于兴奋，一个睡觉时大脑还在高速运转的人又怎么可能睡得好呢？

保持脚的温度

保持脚部温暖能够提高睡眠质量。

遵守20分钟规则

如果你躺20分钟都无法入睡，那就起床做点别的事情，直到有睡意再躺回床上。

男子汉，跑起来

古希腊人在奥林匹亚岩壁上铭刻了一句格言：“如果你想聪明，跑步吧！如果你想强壮，跑步吧！如果你想健康，跑步吧！”没错，跑步是很一件很奇妙的事情，它在增强我们体质的同时，还能提高你对自身精神状态的掌控。特别是对于成长发育中的男孩来说，跑步更是一项有益身心健康且无需额外花费的最好运动方式。

很多男孩都知道跑步对自己的身体大有好处。可是，当他们跑起来以后，就会觉得精疲力竭、枯燥无味。所以，常常是“三天打鱼，两天晒网”，不能够长久地坚持下去。其实，坚持长跑也有诀窍：

◎循序渐进，由慢到快。当你刚刚开始跑步的时候，很快就会气喘吁吁，这很正常，所以一定要从慢跑开始。要能够保持自己的呼吸节奏，即使速度慢一点也没关系。很多男孩会在刚开始的5分钟里产生厌烦的感觉，总想着“不行了，我不跑了”之类的念头，其实，只要稍稍坚持一下，你的身体会自然而然地进入一种跑的状态。

◎为自己选择一个合适的场地。很多男孩喜欢在学校的操场上跑步，其实，对于大多数刚刚开始跑步的人来说，在操场上跑步很容易产生一种枯燥的感觉。这个时候，你可以调整一下自己的心情，到花草茂盛的绿地和公园里跑步，你也可以在自己家的小区里跑跑，一边欣赏景色，一边调整呼吸，这样，很快就能跑上十几分钟。

◎跑前要热身，跑后要进行缓慢恢复。慢跑前后最好都走上几百米。

◎跑步的时候，正确的姿势应该是：肩膀向后，手臂放松；肘部弯曲至腰部，两手自然下垂。手臂自然摆动，随身体的节奏移动；脚和膝盖朝向正前方，不要朝两边。按照从脚跟到脚尖的顺序，让脚跟先着地，然后到脚掌，最后是脚趾蹬地前行。

◎注意步伐的幅度，既不要太大也不要太小。如果步子太大或者太小，你会感觉别扭，也增加了受伤的可能性。

◎用嘴和鼻子自如呼吸，身体放松有弹性。经常跑步的男孩，体态会变得越来越匀称！

◎要注意上下坡。跑步下坡时不要向前倾，使身体保持在平地上跑步时的角度。上坡的时候，步伐迈得小些，注意用手臂的摆动带动身体向上。

◎把跑步当成是一件重要的事情来做。很多刚刚开始跑步的男孩，不太在意自己的着装。常常是简单凑合一下就出发了。其实，穿得太随意，会严重影响跑步的质量。如果你能够为长跑准备一套宽松而舒适的运动服和一双合脚的慢跑鞋，就可以激发你自己的兴趣，让你拥有一种认真对待锻炼的态度，从而激发你的长跑热忱。

做俯卧撑需要知道的诀窍

俯卧撑是一个被列入学校考核的男孩体育项目，它可以有效地锻炼你的肌肉。一个标准的俯卧撑应该是：预备时，两手撑地，两臂伸直，与肩同宽，两腿并拢向后伸，前脚掌着地，身体挺直。开始时，身体平落，两臂弯曲，肘关节高出背，然后两臂用力推直，同时身体平起成直臂支撑为1次。

可是，不是所有的男孩都能够做出这样一个标准的动作来。还有一些男孩一直将错误的动作当成是正确的，不但没能达到锻炼自己的目的，反而会拉伤自己的肌肉。

其实，做俯卧撑的时候手臂的动作没什么难的。可是要想把动作做标准，你就必须学会动用全身的力量。做标准俯卧撑的关键是全身笔直。整个身体应该笔直得像一根木头，上下移动时既不弯曲也不松懈。想做好俯卧撑，你不需要太注意手臂动作，而要关注整个身体肌肉的稳定性。

以下是一套热身操，可以帮你集中关注身体笔直的问题，以及使用正确姿势做俯卧撑时身体的配合度。

◎离墙6-9厘米站立，双腿分开，与肩同宽（如果近旁有镜子，你可以观察一下身体的笔直程度）。

◎双手手掌触墙，稍低于肩，手指向上。

◎把注意力放在你的四头肌上，用四头肌（大腿前面的肌肉）提起膝盖。放松，再提起，反复5次，找到这个动作的感觉。

◎现在把注意力集中在大腿内侧，想象着要把两脚合拢。放松，紧张，反复5次，找到这个动作的感觉。

◎注意力集中在臀部的肌肉上。紧张，放松，如此重复5次。

◎用提起前胸、收腹的动作来拉长身体，如此再反复5次。

◎放松肩部，使之远离耳朵，双肩叶使劲向后用力，想象着能夹住一根铅笔。此动作重复5次。

◎现在，依次在每块肌肉上集中注意力——四头肌、大腿内侧、臀部、腹部、胸部和肩部——收紧所有肌肉。现在使劲夹紧每一块肌肉，身体保持笔直，肘部弯曲，让身体向墙靠拢。记住绷紧和挺直全身的感觉。

对墙做俯卧撑的目的只是为了学习方法。当你掌握了收紧和挺直身体的方法时，你就可以尝试把手放在一个稳当的桌子或栏杆上做同样的动作，直到最后把手放在地上做。

这里有两个错误是男孩们经常容易犯的：要么腹部先着地，要么“嘴啃泥”、屁股撅着。避免这两种错误的方法很简单，就是在整个过程中保持身躯的挺直。头部位置不动，与脊椎保持一条线。要做到这一点，你可以看着身前十几厘米的地方。如果怕头部着地，可以放一个小枕头在胸下，让身体下沉的时候首先触到这个枕头。

只要身体能保持正确姿势，你就不妨多做上几个。坚持一段时间，你的小腹就会变得结实平坦，你的身材也会更加健美。

怎样做好仰卧起坐

当你看到这个标题的时候，你也许会觉得有些莫名其妙，仰卧起坐还不简单吗？其实，很多男孩所做的“仰卧起坐”并不能有效地锻炼腹部肌肉，更糟糕的是，这些动作还可能给他们的下脊椎造成不必要的压力。

比起传统的仰卧起坐来，现在流行的“半仰卧起坐”更安全，也更有效。半仰卧起坐能够锻炼你的四块腹肌的最上层——腹直肌。如果一直坚持做，辅以有氧健身运动并注意饮食，你就能通过半仰卧起坐练出令人羡慕的“六块肌”。

以下就是一些锻炼的具体方法：

◎仰面躺下，膝盖蜷起，脚踩在地板上。两脚间距离与胯等宽，距坐骨约60厘米。

◎两手扣紧放在脑后。

◎慢慢把两肩和上背部抬高至与地面呈30度角。向前弯曲上身，假装用下巴去够肚脐。

◎肩膀同时往前弯曲，骨盆稍向上提，使尾骨头与肋骨靠近。

◎腿、手臂和脖子在整个过程中呈放松状态。

◎这个姿势维持1秒左右，然后放松。

◎这一动作每次做两节，每节做15个。如果这样做对你来说太容易，可以增加难度，在胸前或脑后放一个重物。

另外，还有一件事情你必须了解，半仰卧起坐只是一种单一部位的锻炼，所以你还需要其他腹部锻炼来对它加以辅助。

这些事你不一定知道

男子汉也有不清楚的事情吗？当然有。生活中有很多细小而具体的事情，是最容易让男子汉困惑和犯愁的。其实，这些事并不像你们想的那样复杂，只要亲身体验一次，再经过几次接触，你也可以轻松、简单地完成。成长日子里最有乐趣的一件事情，就是解决那些看起来非常困难的事情！

健康低碳生活备忘录

在开始谈论“低碳”这个话题的时候，我们先来看看下面的几段话。它来自2009年哥本哈根气候峰会期间、搜狐网上的一只“鸟儿”。

危机四伏的跋涉，只为着一个目的：生存。当一片片森林成为黑黄的焦土，当广阔的天空充满刺鼻的废气，我不得不张开受伤的翅膀，开始寻找家园的流浪。

我不知道该怎么向你讲述我目睹的一切。感到疲惫的一刻始于北京的傍晚，堵车的长龙占领了长长的街道，红色车灯下的尾气不停排放。我知道，车里的人对于漫漫前路，一定和我一样失望。

向西飞行，发电厂的滚滚黑烟和煤炭的浮尘让我的羽翼更加沉重，山西的冬日被烟尘笼罩，空气中飘荡着怪异的味道。我不敢靠近那些冒着浓烟的高大烟囱，那不是歇脚之处。

后来我转身南下。可是南方的农民在田野上焚烧秸秆，曾经明亮的天空如今一片阴霾。浓烟随着晚风飘散，周边高贵的城市也陷入困顿。我反而成了一个幸运者，能够赶快飞离。

和这些浓烟混在一起飘上天空的还有石化企业、无数大大小小化工厂排出的废气。如果你看到天上有一只鸟从不歇息，那是我在逃离窒息的大气。

南方的海边是另一种让人无奈的景象，垃圾焚烧的臭味直冲云霄。在深圳的上空，我看到人们在抗议已经建成的垃圾焚烧厂。而在不远处的番禺，更大的反对声驱散了我的一些疲惫，人们拒不接受二恶英和有害气体，无论被烧掉的垃圾是不是用来发电。

香港的彻夜霓虹让我眩目，我第一次停下休息。我知道这不灭的幻彩背后，发电厂的浓烟一直在排放。黎明来了，霓虹淡去。一座座摩天楼就是一个个延绵的热岛，里面的人们拒绝太阳的温暖，常年生活在空调机刻度上的低温中。

再次启程，飞向赤道。在另一边的非洲，乞力马扎罗山顶的赤道雪峰正在融化，而当我飞过被称作“热带雨林国度”的印度尼西亚，苏门答腊岛的天堂雨林正在被砍伐，然后被焚烧。黑烟散尽，农牧场和种植地被开辟出来。人们想要更多的粮食和牛羊。

印度的牛羊要比这里多得多。我知道，就是人类在大型牧场里饲养的这些失去自由的动物们，制造了让地球越来越热的最厉害的气体。

热带也让我失望。中东的油井在燃烧，黑烟遮天蔽日，持续数月。无处躲避也无处降落。人类在战争中故意将石油倾入大海，波斯湾几乎变成了死海。富有者在迪拜建起华丽的摩天楼，为了生产水泥和钢材而产生的气体，也是流浪途中绕不开的苦难。

一路向北。我飞过希腊森林大火的浓烟，在东欧焚烧森林带产生的臭气中挣扎徘徊，化工厂轰鸣的机器让我听不到羽翼划过空气的风响。

我曾最喜欢的那片巴伐利亚的黑森林，已经被可怕的酸雨摧毁，美好的景色再也不会重现。好在生活在鲁尔工业区的人类似乎意识到了什么，如今的鲁尔河上空已经能看到蓝天白云。我明白，越来越少的美好总是与越来越多的残酷共存，而那些残存的美好，给我希望让我继续疲惫的流浪。

我曾以为也许温暖的地中海是飞翔的终点，然而沉没的油轮让我彻底绝望。我已经认不出油污满身的同类，他们虚弱地跌落在黑色的海滩上，低声哀鸣。我只能站在不远处伤心欲绝地看着他们而无能为力。

再向北飞行一段路程，就是哥本哈根，但我已筋疲力尽。这一路事关生存的流浪，已太多艰难和残酷。今天我决定在这片黑色海滩上陪伴受难的同类。明天我是否还能再次飞翔，历尽艰辛，万里行程，只为寻找在这个星球上那一方生存的家园？

为了寻找能够让自己生存的家园而四处流浪的鸟儿，在它眼里看到的是工厂排放的废气、汽车排放的尾气、垃圾焚烧厂排放的臭气，还有森林的砍伐、摩天大楼的建造……这些人类活动不断地制造着“让地球越来越热的最厉害的气体”，这些气体使得地球上的气候在变暖，冰川在融化，酸雨在增多，流浪鸟飞得筋疲力尽……

地球的这些变化使得流浪鸟如此疲惫，对于我们人类来说又有什么影响呢？

最近50年里，地球的气温上升了0.65℃。导致气候变暖的主要原因是人类活动中排放使地球表面变得更暖的温室气体（其中以二氧化碳为主）的速度在加快，因此人类的温室气体排放（简称“碳排放”）速度直接影响着地球的气候。科学家预计，21世纪末全球平均升温幅度大致为1.1℃～6.4℃。

气温上升会带来什么呢？各种灾害性天气频繁发生，比如雪灾、干旱、洪涝、台风、暴雨、高热。这几年的南方冰雪灾害、西南地区发生的百年不遇的大旱，就是在当前气候变暖大背景下所产生的极端天气气候事件。气温上升还将使农作物减产、冰川消融、生态失衡，物种濒临灭绝……气候专家预测，人类最多只能再向大气中排放250亿吨碳，当全球平均气温比1750年工业革命之前测定的标准气温水平高出2℃时，生态灾难将一触即发。

按照世界现在的碳排放速度，在20年内我们就会到达这个警戒线——全球气温上升2℃。到那个时候，地球上将出现大面积的农业歉收、水资源枯竭、疾病丛生、海平面上升等恶果。

看了那么多和危机、灾害相关的字眼，你会不会产生一种迫在眉睫的危机感呢？有一种办法，可以拽住地球变暖的步伐，让我们远离灾难。我们不妨来看一看一位男孩每天的生活方式：

起床，一向是件困难事儿，传统的发条式闹钟可不是那么好对付的——耗费电能的电子闹钟早已不用了，因为电池的回收处理实在太困难了。

起床后进卫生间，在刷牙和洗脸的时候，水龙头被轻轻地关上，等到要用时再打开，洗脸用的水被小心地保留着，用来冲洗抽水马桶。

早餐取出一袋牛奶和一个馒头。不用耗时又耗能的天然气，用微波炉分别热1分钟和40秒就OK了。

吃完早餐，穿戴整齐后离开房间，随手关灯。

上学前，从家带上一瓶白开水，白开水是最好的饮品。瓶子是用铁做的，这样可以减少塑料瓶的使用；再带个新鲜水果午饭时吃。水果是妈妈在超市购买的，本地产的新鲜水果，可以减少在运输过程的能源消耗。家里买的商品都是简单包装的，用专门使用的购物布袋装着。

尽管住在十八层，而且又有电梯，下楼时仍然不选择完全地搭乘电梯，可以坐十层楼梯再走八层楼梯，上楼也是一样，这样既减少了碳排放又锻炼了身体，两全其美。即便不得不搭乘电梯，也不必在楼梯间内同时按下两部电梯，从而增加不必要的浪费。

上学的交通工具一般是自行车，有时候也会坐地铁。

到了学校了，在阳光充足的天气里，学校里靠近窗户那边的灯总是关着的，因为这样可以节省不少电。

班里的同学们纷纷奋笔疾书，他们的手上拿着的都是钢笔，签字笔只作为考试的备用笔。这样一学期下来，每人至少可以节省10支笔芯，全班一起就能减少不少白色污染呢。

就连草稿纸用的也是以前的废旧作业本，用完了正面用反面，绝对不浪费一点儿。

课间休息时，同学们纷纷来到教室后面的植物角。这里的绿色植物是同学们自己从家里带来的，由各小组分别负责管理，因为植物是抵消我们每天制造碳排放的唯一方法。

中午去学校餐厅吃饭，每个同学都带着自备的不锈钢饭盒和小勺子，不使用一次性筷子，既卫生又低碳。

买饭时，只买够自己吃的量就行了，尽量不剩饭。少浪费0.5kg粮食，就相当于减排0.47kg二氧化碳呢。

吃完午饭，再将早上带的水果吃掉，保证营养均衡。

这些事
你不一定知道

下午放学回到家，先做作业。作业做完后，帮妈妈洗菜、淘米。洗菜水、淘米水还能用来浇花。

晚上有客人来，不用一次性纸杯，而用家里的玻璃杯。吃完饭后，不是提供纸巾而是用干净的客用毛巾来擦拭。当然，这些物品用完后都得用微波炉消毒几分钟。

接下来该处理这些生活垃圾了：果壳垃圾直接扔到楼下垃圾房里，饮料瓶和废纸都得拎到小区里收废品的叔叔那里，而像一次性碗盘这样可以回收却不能当废品卖的垃圾，我就得走到小区外面的大马路上，扔到写着“可回收垃圾”的黄色垃圾筒里……

晚饭后，看会儿电视。家里早就已经换上了节能灯，省电减排，就连电源插座也都选用了带开关的。看电视时，将客厅的灯光调暗，电视的亮度和声音也适当降低，既节能减排又护眼。

上网查会儿资料吧，同学明天要过生日了，发张电子贺卡，外带一封祝贺的电子邮件。保护森林，人人有责嘛！

使用电脑时，关掉不用的程序和音箱、打印机等设备。电脑、电视不用时，不仅关机，而且关闭插座电源，或将插座拔掉。

天气逐渐热起来，家里不开空调，而是使用电风扇，如果实在热得受不了，才会把空调温度控制在26℃～27℃。临睡前，将空调改为风扇，或将制冷模式改为睡眠模式，因为这样会比较省电。

这种生活的方式，就是一种绿色、健康的“低碳”生活方式。

“过低碳生活，创造绿色家园”——我们的耳朵经常听到这样一种说法，那么，什么是“低碳”呢？

低碳，英文为low carbon，是指较低或更低的温室气体（二氧化碳为主）排放。也许你会问：“一个人的力量对于整个地球简直是微乎其微，真的有用吗？”千万不要小看了你的力量，一只节能灯、一台太阳能热水器能为节能减排作的贡献的确很小，可我们中国13亿人中只要有1/10的人用它们来取代传统产品，节约的能源、减少的碳排量都将会是天文数字！仅以节能灯为例，曾有专家测算，到2010年，如果全国有1/3的白炽灯换成节能灯，每年能省下两个三峡水电站的年发电量。

现在环保组织已经根据相应的标准，设计出了“碳足迹计算器”，能将我们在生活中所消耗的能量折算成二氧化碳的排放量。比如：用了100度电，等于排放了大约96千克二氧化碳；购买了5件衣服，等于排放了大约32千克二氧化碳；坐公交车或地铁50公里，大约排放了2.4千克二氧化碳；而同样的距离，坐低油耗小轿车大约会排放10.3千克二氧化碳，高油耗小轿车则会排的16.7千克二氧化碳……你可以试着估算一下自己一年的“碳足迹”。你的碳足迹越大，说明你对全球变暖所负的责任就越大。

如果我们每人都能保持低碳生活，人均碳排放将下降为2吨，那么我国13亿人口每年将少排放2600亿吨，这是一个多么惊人的数字。

本书面前的男孩们，你想加入“低碳生活”一族么，不妨看看以下几个小建议——

帮老爸及时关电脑

统计数据显示，家庭中75％的用电都耗在使电视、电脑和音响等保持待机状态上。平均一台台式电脑每天耗电60至250瓦。如果一台电脑每天使用4小时，其他时间关闭，那么每年能节省约500元

人民币，且能减少83％的二氧化碳排放量。

为全家打开一扇窗

我们每年人均排放约25吨二氧化碳，怎样减少这个数字？有一些简单有效的方法：打开一扇窗户，取代室内空调；夏天使用空调时，温度稍微调高几度。数据统计表明，只要所有人把空调调高一度，全国每年能省下33亿度电。

节省水电有妙招

把家里用过的水分别放在两个水桶里，洗脸用过的水可以浇花、洗车、冲马桶，洗过菜的水可以用来拖地等，这样一来，一年可以节省不少水。再说说省电吧，家里走廊的灯还有路口的灯，都可以设置成声控灯，不要小看这个改变，一个月可以节省好几度电呢！

让老妈挂根晾衣绳

研究表明，一件衣服60％的“能量”在清洗和晾干过程中释放。需要注意的是，洗衣时用温水，而不要用热水；衣服洗净后，挂在晾衣绳上自然晾干，不要放进烘干机里。这样，你总共可减少90％的二氧化碳排放量。

买东西自备购物袋

每年全球要消耗超过5000亿个塑料袋，其中只有不到3％可回收。塑料袋都由聚乙烯制成，掩埋后需上千年时间实现生物递降分解，期间还要产生有害的温室气体。下次去杂货店的时候，别忘记自备购物袋。

为了天更蓝、水更清、地更绿、人更美，立即行动起来，把节能减碳变成每一个人的自觉行动，低碳生活，从我做起，从身边做起！

遇到踩踏事故怎么办

2010年11月29日，位于新疆阿克苏市杭州大道的阿克苏第五小学发生踩踏事故。当时正是课间操时间，学生从楼上蜂拥而下，前面的学生摔倒后引起踩踏，楼梯扶手被挤歪，造成孩子被挤伤或摔伤。

近年来，人群拥挤踩踏事件时有发生。在行进的人群中，如果前面有人摔倒，而后面不知情的人若继续向前行进的话，那么人群中极易出现像“多米诺骨牌”一样连锁倒地的拥挤踩踏现象。

可能导致踩踏事故的原因主要有以下几方面：

这些事
你不一定知道

人群较为集中时，前面有人摔倒，后面人未留意，没有止步。

人群受到惊吓，产生恐慌，如听到爆炸声、枪声，出现惊慌失措的失控局面，在无组织无目的的逃生中，相互拥挤踩踏。

人群因过于激动（兴奋、愤怒等）而出现骚乱，易发生踩踏。

因好奇心驱使，专门找人多拥挤处去探索究竟，造成不必要的人员集中而发生踩踏。

对于这方面的事故，我们首先要做到预防为主。比如参加大型活动（如观看足球赛），活动结束出场时，一般人比较多、比较挤。遇到这种情况，可以先留在场内，等人走得差不多了，再行离开。另外，事前要熟悉所有的安全出口，要时刻保持冷静，提高警惕，尽量不要受周围环境影响。

一旦发生踩踏事故，我们要注意做到以下几点：

◎发觉拥挤的人群向着自己行走的方向拥来时，应立即避到一旁，但不要慌乱奔跑，以免摔倒。

◎如有可能，到楼梯边暂时躲避一下，切记千万不要逆着人流前进，那样很容易被推倒在地。

◎陷入拥挤的人流时，一定要先站稳双腿，身体不要倾斜失去重心，即使鞋子被踩掉，也不要贸然弯腰提鞋或系鞋带。

◎有可能的话，可先尽快抓住诸如路灯柱、电线杆之类的坚固牢靠的东西，待人群过去后，迅速离开现场。

◎若自己被人群推倒，要设法靠近墙壁，身体蜷成球状，双手在颈后紧扣，以保护身体最脆弱的部位。

◎遇上节假日时，各种节日活动比较多，容易发生拥挤踩踏事故。因此，男孩们更要提高警惕，尽量少去人多拥挤的地方。

安全用电我知道

电器是我们生活中最常见的东西，我们常说的“触电”，又是怎么一回事呢？

电分为直流电和交流电。电压、电流方向都不改变的电叫直流电，例如干电池的电就是直流电，通常1节干电池的电压是1.5伏特。交流电的电压、电流方向是不断改变的，由于交流电的电压和电流随时变化，因此我们用有效值来表示交流电压，例如常用的交流电有效值为220伏特。

我们知道，不高于36伏特的电压为安全电压。以220伏特的交流电为例，其中，一根线与地面相连，称做地线，另一根线叫做火线，它与地线间电压的有效值便是220伏特。假如金钥匙决赛中做演示的人员没有站在绝缘板上，而是直接站在地上，用手触到火线，由于人与导线之间的电压高达几万伏特，电流会迅速从身上流到地上，这样人就会触电了。

说到这里，你一定会认为电是个很可怕的东西，其实，安全用电措施做得好，你可以轻松享受电带来的生活乐趣。那么，同学们在家中如何安全用电呢？

你可以和大人一同定期检查家中线路，线路接头应确保接触良好，连接牢靠；查看有没有老化、破旧、损坏的线路，如果有，请电工更换；湿手不能触摸带电的家用电器，不能用湿布擦拭开启状态下的家用电器，进行家用电器修理必须先停电源；用电设备在使用中，发现用电设备有异常的响声、气味、温度、冒烟、火光，要立即断开电源，再进行检查或灭火抢救；煤气管道发现煤气漏气时先开窗通风，千万不能拉合电源，并及时请专业人员修理；遇有家用电器着火，应先切断电源再灭火；发现家用电器损坏，应请经过培训的专业人员进行修理，自己和家人不要擅自拆卸，防止发生电击伤人；不准靠近或接触任何家电的带电部分，例如电视机的高压输出部分，以免被电击伤；做到人走断电，停电断开关，触摸壳体用手背等。做到上面几点，触电的可能性便会大大降低。

人是不是触电了就意味着死亡呢？不是。触电后的急救很重要。有统计表明，如果触电1分钟后得到救治，成活率有90%；如果触电6分钟开始抢救，仅有10%的成活机会；而触电12分钟后才开始抢救，救活的概率就微乎其微了。因此当发现有人触电，在保障自身安全的情况下，应当争分夺秒进行抢救。首先立即切断电源，或者用不导电物质如干燥的木棒、干布等使触电者尽快脱离电源。千万不要直接接触触电者，以防自身触电。当伤员脱离电源后，立即检查其全身，特别是呼吸和心跳，发现呼吸、心跳停止时，应立即做人工呼吸。在移动伤员或将其送往医院的过程中，应继续抢救，在医院医务人员未接替之前抢救不能中止。抢救过程中因移动等原因中断抢救时间不能超过30秒。

基本的安全用电常识：

◎不用铁、铜等金属制品去试探家中一切电源插座，因为这些金属制品是可以导电的，如果用它们去探视电源插座，就会触电。

◎不用手触摸电线皮的剥落处。

◎如果家里的保险丝断了，不要贸然更换，要请懂得用电常识的人来更换修理。

◎不用铁丝、铜丝等替代正规的保险丝，那样会烧毁家里的电器，还有可能带来火灾。

◎发现断落的电线，绕开行走，并及时报告有关人员处理。

◎认识电闸、学会在紧急情况下如何切断电源。

◎当你救助他人时，要先切断电源，或使用木棍、干扫帚等绝缘物进行救助，切忌直接用手去接触触电的人。

怎样做到火灾自救

你知道每年的11月9日是什么日子吗？没错，是全国“消防宣传日”，因为这一天的月日数字恰好与火警电话号码119相同，而且这一天所处的季节正值风干物燥、火灾多发之际。为增加全民的消防安全意识，使“119”更加深入人心，所以将每年的11月9日定为全国的“消防宣传日”。谈起火灾可能会让人觉得害怕，可是如果能有所准备，你就不会感到那么惊慌。

万一发生了火灾，千万不要这样去做：

◎如果发生了火灾，最重要的就是安全逃出。你一刻也不应该在房内多逗留，甚至不要去打火警电话。因为别人可以在室外打火警电话，而你首先要做的就是寻找逃生之路。

◎向光亮处逃生。在紧急危险情况下，人们总是向着有光、明亮的方向逃生。而这时的火场中，光亮之地正是危难之处。

◎盲目跟着别人逃生。当人的生命突然面临危险状态时，极易因惊慌失措而失去正常的判断思维能力，盲目跟着别人逃生。克服盲目追随的方法是平时要多了解和掌握一定的消防自救与逃生知识。

◎从高处往低处逃生。人们总觉得只有尽快逃到一层，跑出室外，才有生的希望。殊不知，盲目朝楼下逃生，可能自投火海。因此，在发生火灾时，有条件的可登上房顶或在房间内采取有效的防烟、防火措施后等待救援。

◎冒险跳楼逃生。火灾时跳楼、跳窗都容易造成不必要的伤亡，在这个时候应另找出路，不可盲目采取冒险行为。

当火灾发生时，千万不要惊慌失措，要冷静地确定自己所处位置，采取正确而有效的自救方法：

◎查看一下门周围的缝隙是否有热气和烟雾涌进。（检查门外是否着火。)

◎如果看到门底下有烟冒进来，那就不要开门！

◎如果没有看到烟，就摸摸门。如果摸上去烫手或发热，就别开门！

◎如果没有看到烟，门也不热，那就用手指轻轻触摸门上的把手。如果它很烫或很热，就不要开门！

◎如果门把摸着是凉的，门周围也看不到有任何烟雾，你可以非常小心而缓慢地将门打开。开门后，如果感到一股热浪袭来或有烟灌进房间，那就赶快关上房门并确保关严。如开门时没有烟或热气，就可以径直走向逃生出口。

◎如果火或烟雾堵住了逃脱路线，无法快速逃离，你一定想要呼救。你可以从打开的窗口呼救，如有电话也可以拨打火警电话。

◎即使你很害怕，也决不要躲在床下或衣橱里。那样的话，消防员将很难找到你。要知道消防队员或者其他成年人会寻找你以帮你安全逃生。他们越早找到你，你们就能越早逃生。

◎用床单、毯子或衣物塞住门缝以阻止热气和烟雾由门缝侵入。如果房间有窗户，但却无法从窗户逃生，那就打开窗户站在窗前。如果你可以抓到一件衣服或一条毛巾，把它捂在嘴上以防吸入浓烟。如果能先将布弄湿，效果更佳。

◎不要使用电梯，应通过防火通道走楼梯脱险。因为失火后电梯竖井往往成为烟火的通道，并且电梯随时可能发生故障。

◎在有把握的情况下，可以将绳索（也可用床单等撕开连接起来）一头系在窗框上，然后顺绳索滑落到地面。

◎如果身上衣服着火，可以迅速脱掉衣服，或者就地滚动，以身体压灭火焰。还可以跳进附近的水池或河水中，将身上的火熄灭，　总之要尽量减少身体烧伤面积，减轻烧伤程度。

一些有用的自卫知识

男孩应该知道一些自我保护的知识，并不是说我们希望通过了解这种知识来惩恶扬善，而是让我们在遇到危险的时候，能够尽可能地保护自己。虽然一个人一生之中遇到暴力威胁的可能性并不高，对于男孩来说，总会有一些麻烦在不经意间找上你。我希望，你能够通过对这些知识的掌握，了解该如何在最短的时间内缓和紧张的气氛，当你遇上极端情况，例如面对暴力的时候，你也应该知道怎样去做。

如果你想要保护自己，你需要了解以下6件事：

第一件事情，注意和人保持距离，既不要太过接近一个人，也不要让别人太接近你。

和陌生人之间的距离最好不小于1米，和你认识的人则可以稍微拉近一些距离，只有和熟悉而且亲近的人之间才可以缩小到很近的距离，这个距离由你自己决定。

第二件事情，要注意自己言行，不要招惹别人并尽量化解不小心制造的麻烦。

在我们的生活中，绝大多数人并不会刻意去招惹别人，当然，大部分人也不会特别留意自己的言行举止，那些在你看来很正常、很习惯的处事方式有时就可能引来不必要的麻烦。对于男孩来说，有五个字是需要经常说的："对不起""谢谢"。这五个简单的字，可以避免很多原本不该发生的麻烦。相反，抱着"你打我一拳，我必定想方设法还你两脚"的想法，只能使对抗升级而无助于解决问题，更不管是谁对谁错了。

打个比方吧，如果你觉得自己很冲动，经常没有办法控制你自己，这些事都可以得到补救，当你觉得情绪激烈的时候，就可以尝试说说这几个字，这几个字并不会太难从嘴里说出来。就算你再怎样情绪激昂，就算你已经说错了话、做错了事，也不要忘了这五个字。

第三件事情，需要认清楚那些可能对你造成威胁的人，并尽量避开他们。

首先，是遇到身上有酒气的人的时候，你需要小心一点。最危险的是那种喝醉了酒、眼神直直的陌生人，他们已经完全没有办法控制自己的行为了。遇见他们的时候，一定要小心地避开；其次，是那些打扮古怪、神情紧张的人，碰见他们的时候，请一定绷紧了脑子里的弦，尽量远离他们，往人多的地方和闹市区走；最后，遇到那些情绪失控的人，千万不要围观或者在一旁看热闹，请保持一个男子汉的本心。

第四件事情，必须养成保护自己的习惯。

下面的这些习惯请男孩们注意，你不一定需要完全照做，但一定要有所了解。

◎坐公共汽车或者是地铁的时候，如果没有座位，可尽量背靠车体而站，稍微观察下周围人的情况，避免被盗。

◎如果背了双肩背包上车，而且站在车体中间，除了保持警惕，留心观察周围人的情况外，还可以借车体的运动身体做定时的摆动，避免小偷从后面碰掉你的包。

◎街上有陌生人拦住求助或者咨询，尽量保持距离。

◎零钱和大面额钞票要放在不同的口袋里，不要一次把所有的钱都掏出来。

◎在火车站、汽车站等处尽量不要掏钱包买东西。

◎旅途中要保持警惕，不要轻易相信别人，特别是不要轻易吃别人的东西，喝别人给的饮料！

第五件事情，当你遇上麻烦的时候，你需要了解该怎样解决。

如果你惹上了麻烦，不要心慌，更不能着急，你首先应当准确而自信地向对方表明你的观点，合理的态度并不一定能够完全解决冲突，不合理的态度一定会让矛盾激化。

当你向对方表明你的态度时，一定要尝试着正视对方的目光，要让你说的每一个字清晰地从嘴巴里面吐出来。你可以试一试深呼吸，因为当一个人愤怒的时候，他很难做到这一点，这能帮助你平和自己的情绪。

如果矛盾继续激化的时候，你应该开动你的头脑开始快速思考，根据不同的情况随机应变，以便在紧急的情况下可以果断、迅速地保护自己。

对于男孩来说，最好的武器就是自己的身体：手、肘、腿以及整个身体。你的拳头、手掌、手指、手腕和膝盖都是保护你的武器。不要觉得带上一把小刀或者是其他什么危险物品就可以保护自己，很多时候，如果这些危险物品被别人抢走，反倒会伤害到你自己，所以说这些“武器”并不太适合自我保护。

如果你必须进行自卫，你可以通过手掌侧面击打对方的鼻子，也可以用肘和膝盖击打对方的下巴。当你迫不得已需要保护自己的时候，就不要再考虑你的挑衅者，否则你会因为犹豫不决和瞻前顾后吃大亏的。喉头、眼睛、耳朵、脖子、肚子、肋骨、大腿、小腿和脚背，都是可能的被攻击对象。

最后一件事情，如果可能的话，在你需要离开的时候，请果断地离开。这也是一种战斗方式，套用一位朋友的话来说，“我们不是逃跑，是战略撤退”。

如果扣子掉了该怎么办

我相信，所有的男子汉在碰到这个问题的时候，都会毫不犹豫地回答：“掉了，就缝上呗！”可是你知道吗，要把这一粒小小的扣子重新缝上去可是要花一番工夫的。当然，缝扣子并不是什么难事，但要缝得漂亮，也不是没有技巧的。以下是一些缝扣子的技巧，大家一起来学吧。

扣子脱落后，一般都会在扣眼处留有线头，要找到扣子的位置，只需要查看哪里有残留的线头或者线孔就可以了。如果扣子位置的布料破损了，要先在破损处用一小块布料垫在背面缝补一下再

缝扣子。

在那些轻薄面料的衣服，比如在棉衬衫上面缝扣子，用普通的线就可以了。其他的布料则要选择更加结实的线。一般情况下，用40厘米左右的双股线比较合适。

大多数的扣子是带扣眼的，缝这种扣子比较简单。如果你缝得太紧，扣子和面料间距离太小，系扣子就会很困难，衣料也容易皱起来。为了避免这样的情况发生，最好在扣子和面料之间留点距离。

缝扣子的时候，需要注意以下几点：

把线固定在面料上。可以打个结，但是为了避免这个结打得太大，你可以在面料正面打算缝扣子的地方先绕几针使线固定，然后用另外一只手的指甲扯住线头，等到线结固定了，再剪去多余的线头。

固定好线以后，把扣子放在面料上，用针穿过一个扣眼。从另一个扣眼穿过来之前，可以先用一根牙签或者大头针放在扣子上，让线缠在牙签上。目的是为了让线变得松弛，使扣子和面料之间保留一点空隙。反复穿针6到8次，就可以把牙签拿掉了。

用针线在这段间隙上缠绕几圈使它加固，然后用针在线圈中来回穿几次。最后向下穿过面料，打结，拉紧，剪去多余的线头。

很多男孩在缝扣子的时候，总喜欢将针线对角斜缝，缝成“×”形，这种缝法并不好，因为它会使扣子上的交叉处凸起来，更容易受到磨损。正确的缝法应该用“平行”缝或者“循环缝”的方法，如缝成“‖”或者“=”形。这样可以减少磨损机会，从而让扣子更加牢固。

如果衬衫的扣子弄丢了一个，可以把衣服上最下面的那颗扣子拿下来替代。因为穿衬衫的时候一般都会把下端塞进裤子里，所以最下面的扣子应该用不上。通常，衣服内侧也会缝有备用扣，你也可以把备用扣拿来代替上面的扣子。

有时候，最好的办法就是把衣服上的扣子全部换掉，并注意保证新扣子的大小适合衣服的扣眼。

好了，知道了怎样正确地缝扣子，你就不会再遭遇衣服缺扣子的尴尬了！

这些事 你不一定知道

野外怎样判定方向

如果你在野外活动时迷路，一定需要判定所在的位置和方向，这个时候，你就必须掌握定位和测向方法。绝大多数男孩对辨别方向都很有信心，可是光有信心还不够。这里有一些经验和工具的介绍，能够让你在野外时更加方便、准确判定方向。

利用指南针

在野外判断方向最简单、最准确的办法就是使用指南针。你应该先在地图上找到自己立足的区域。然后在地图上标出找出迷路前的位置，回忆一下曾经经过的房屋、溪流或其他地理特征，以确认自己的大概位置。

接下来，你需要找到自己的方向。小心地把指南针水平放好，不要离磁性物质太近，要让气泡居中，等到磁针静止下来后，再仔细观察指南针。标有“N”的黑色一端所指的便是北方。“N”表示的是英文“North”（北方）的意思，不要把磁针的S端误作北方，造成180度的方向误差。

利用太阳

如果你没有指南针，还可以观察太阳升降的方向。因为太阳是东升西落的，在晴朗的白天，你可以根据日出和日落，简单地判定东方和西方。我国大部分地区都处于北回归线以北，正午的时候，太阳位于天顶偏向南方。对着太阳，前面是南，背面是北，左面是东，右面是西。太阳东升西落，早晨起来，面向太阳，前面是东，后面是西，左面是北，右面是南；傍晚对着太阳，前面是西，背后是东，左面是南，右面是北。

利用手表和太阳

还有一种比较准确的方法，如果你戴着手表，把它摘下来，平置，取一根小棍垂直立在手表中央，慢慢地转动手表，使小棍的影子与时针重合，时针与12时刻度之间的平分线即是北方。打个比方吧，如果是上午10点，把手表刻度盘上的“5”对准太阳，下午2点（14点）则把手表刻度盘上的“7”对准太阳，这时，手表刻度盘上的“12”指的就是北方。简单地说，就是“时数折半对太阳，十二指向正北方”。

利用北极星

夜晚时，可根据北极星来判断方向。北极星位于正北天空，其位置通常根据北斗星（大熊星座）或W星（仙后星座）确定。北斗星为7颗较亮的星，形状像一把勺子，将勺头两星的连线向勺口方向延伸，约在两星间隔的5倍处，有一颗比较大且明亮的星，便是北极星。

利用地物特征

有些地物的特征与方向有关，根据这些简单的常识，也可以帮助你概略地判定方位。

比如树木通常朝南方向的枝叶茂盛、树皮光滑，朝北则相反；独立的大树砍伐后，树桩上的年轮通常朝北方间隔小，朝南方间隔大；丘陵上的积雪，南坡比北坡融化得快些。沟里的积雪，朝南的一面比朝北的一面融化得快些；青苔喜欢阴暗潮湿的环境，石头上的青苔往往生长在北面；蚂蚁的洞口大都是朝南的，你可以根据蚂蚁的洞穴来识别方向；北方平原上的那些大庙宇和宝塔的正门绝大多数也是朝南开。

怎样让每一天充满快乐

“早餐要吃好，午餐要吃饱，晚餐要吃少”——这句话还有一种说法，那就是“早餐吃得像国王，中餐吃得像绅士，晚餐吃得像贫民”。

合理安排每一餐的饮食是非常重要的。可在现实生活中，有的男孩因为起床太晚或者以不想吃为借口，往往不吃早餐，甚至还有的“自豪”地说：“我把早餐‘戒’掉了。”他们不知道，这样的做法正在不知不觉中伤害着自己的身体。

早餐是一天的开始，及时补充足够的热能，才有精神认真听课、好好学习。长期不吃早餐或不按时就餐极易诱发胃肠病和结石症，还可能引起肥胖。

一顿营养充足的早餐应该包括面包、米粥等碳水化合物，肉类、鸡蛋、牛奶等动物性食品，以及豆浆、新鲜蔬菜和水果。

TIP

※ 一天之计在于晨，美味的早餐能给你带来一天的好心情，各位男子汉请注意了哦！

微笑是最美、最好的语言，微笑可以拉近人与人之间的距离，当你微笑时，别人会感受到你的快乐，也能分享你的快乐。

微笑能给你带来自信，当你在学习生活中碰到困难，用微笑去迎接挑战，或许你会发现微笑能够解决许多难以解决的问题，为你带来成功。每天微笑多一点，每天快乐多一点。

TIP ※微笑最美丽，男孩们请不要吝惜你们的笑容。

课前预习、课后巩固是一个学习态度的问题。课前先预习，能培养我们自主学习的能力，更好地配合老师的讲课，也能更好地理解和消化知识点；课后对所学知识进行巩固，是对学习的总结，能起到查漏补缺的作用。

其重要性是不用别人说自己也明白，学习是自己的事，有了好的学习态度和学习方法，才能取得优异的成绩。

TIP ※课前预习、课后巩固说起来容易，做起来可就不那么容易了。

看到这个小标题，有的男孩可能就有点犯愁了：“每学科提出一个问题呀？那多难办到！”如果有这样的想法，那不如先想想自己是不是有这样去尝试过，这样做会不会对自己的学习有帮助。

只有发现问题，才能解决问题。当你在“找”问题的过程中，你会知道哪些是自己擅长的，哪些还有待提高。这些问题如果反映给老师，老师就能清楚你的学习状况，适当调整教学，让同学们更易接受。

可以对老师提问，可以对同学提问，也可以对自己提问，只有不断发问，才会不断进步。

TIP ※男孩就得胆子大，每门课提出一个问题不算什么。

只会说家乡话，难以走出家门；只会说中国话，无法面对世界！能说一口流利的英语，恐怕是每一个男孩心中的目标，谁不想和那些老外们打成一片呢？

学习英语，首先从单词开始，单词对于语言就像建筑物的一砖一瓦，没有基本的建筑材料的堆砌，哪来的宏伟建筑？

每天记10个英语单词，说来是件很小的事情，可是再一想，如果每天都能坚持，那一年365天就能记住3650个单词了，这样的话，还会怕英语考试吗？学习就是一个积累的过程，成功都是为刻苦的人准备的。

TIP

※ 记单词很重要，但也不能忽视了语境和文化，多看一些外文大片，给自己充充电。

每天洗一个澡（冬天可每周洗澡三次）是养成良好的个人卫生的开始，洗掉汗水、污垢后，会觉得浑身轻松，也能起到锻炼身体的作用。不过，洗澡也是讲究方法的，洗澡时，最好是温水，洗澡的时间不宜过长，如果皮肤不是很油的话，选择中性的浴液和香皂为好。

很多男孩都是住读生，在学校洗澡不比在家里方便，但是我们要学会克服困难，这也是锻炼我们意志的时候。

保持个人卫生，除了洗澡，还要勤换衣服、勤剪指甲，隔段时间也要把头发理理哦。

TIP

※ 不要小看了洗澡，它能够让你保持一个干净、整齐的外貌，千万别变成人见人厌的邋遢大王。

很多男孩都没有坚持写日记的习惯，他们总是觉得写日记太枯燥了，懒得写或者不想写。其实，在你写日记的时候，可以把自己的“故事”记下了。多关心身边的“故事”，将每天身边发生的趣

事记下来，这是一件很有意思和意义的事情。

一方面，能让我们更加了解身边的同学，另外呢，记下这么多有趣的、生动的事情，无形之中也为我们写作文积累了第一手的资料，可真是一举多得。

TIP

※ 刚开始写日记的时候，肯定会有一些抵触。慢慢地，等你养成习惯以后，你就拥有了一个好朋友，每当你遇到什么烦心事的时候，就悄悄地向日记倾诉。

小时候，我们都是家中的“小皇帝”，享受着家人无微不至的照顾，而现在，身为一名男子汉的你，是时候走向独立了。

说起独立，很多人觉得要有大的成就才能称为独立，其实不然，真正的独立是从身边的每一件小事开始的，比如每天要打扫房间，要把课桌收拾整齐。爱整洁，是一种好习惯，也会让自己生活的环境更加舒适。

TIP

※ 古人说“一屋不扫，难以扫天下”，男子汉大丈夫，怎么在生活方面让别人看扁自己？

早晨按时起床，到室外做做早操，是一种很好的生活习惯。有些男孩不大愿意做早操，认为它运动量小，没啥作用，这样看问题是不全面的。做早操，能使大脑神经细胞很快进入兴奋状态，身体各部分的机能也能很快提高，有助于振作精神，从而为一天的学习准备好良好的身体条件。经常做早操，还能锻炼身体，吸进的氧气较多，自然对增进健康有很大好处。

早操时间除了徒手体操以外，还可以做一些跑步等其他的练习，但应注意掌握好运动量，不要过大，以免使身体感到过分疲乏。

> TIP ※ 在清晨的霞光里，我们摆摆手、踢踢腿，呼吸着新鲜的空气，会有一种神清气爽的感觉。

很多男孩往往在口渴时才想起喝水，其实这样是不正确的。喝水也是一门学问，正确地喝水对维护人的健康非常重要。

早上起床之际先喝一杯水，可帮助肾脏及肝脏解毒：喝水不能贪凉，不要喝生水；喝水不宜大口吞咽；睡前少喝水，每天喝6～8杯水（1200～1500毫升），以保证正常的新陈代谢……生活中你是不是很少注意这些细节呢？那么，就从现在开始这样做吧！

> TIP ※ 喝水也有大学问，不要小看这些，它能让你变得更加健康和强壮。

先让我们一起来唱首儿歌：“小牙刷，手中拿，我呀张开小嘴巴。刷左边，刷右边，上下里外都刷刷。早上刷，晚上刷，刷得牙齿没蛀牙。”是不是感觉很亲切呀，这就对了，好的习惯我们不仅要从小养成，还要一直坚持。

刷牙的作用是清洁口腔，按摩齿龈，促进血液循环，增强抗病能力。有健康的牙齿才能享受天下的美食哦！

> TIP ※ 吃得好，胃口才能好！有健康的牙齿才能享受天下的美食哦！

水果是我们膳食生活中维生素A和维生素C的主要来源，吃水果可不像吃零食，零食可吃可不吃，而水果则不然。多吃水果，不仅能补充维生素，还能起到美肤、排毒的作用。吃水果的正确时间是饭前一个小时和饭后两个小时左右（柿子等不宜在饭前吃的水果

除外）。

牛奶是富有营养的食品，每天喝一杯牛奶是一种健康的生活方式。不过，牛奶不要作为早上第一杯水喝，早上喝牛奶之前最好先吃点饼干、面包之类的食品，或边吃点心边喝牛奶。晚上喝牛奶，不但有助于睡眠，还有助于人体对其营养成分的吸收。

TIP

※ 细心地观察一下，你自己是怎样吃水果和喝牛奶的呢？

眼睛是我们认识世界、学习知识、相互交流的重要窗口。如果我们失去了明亮的眼睛，我们的世界将是黑暗的世界。而视力的减弱，也会给我们的学习和生活带来许多的不便。

应该说几乎每所学校每天都会给学生们安排两次集体做眼保健操的机会，这个时候男孩们可千万不要做其他事情，要引起足够重视。每天坚持做眼保健操，按摩眼眶周围穴位，能松弛眼部肌肉，促进眼部血液循环，满足眼部充血的需要，使眼部得到充分的休息，有助预防近视。就是平时长时间读书写字后，眼睛疲劳了，也可以通过做眼保健操来舒缓神经，还可以适当望望远处的景物。

TIP

※ 眼睛是心灵的窗户，等到戴上眼镜的时候，那可就来不及了。

怎样让每一周都变得简单

有没有学习计划对你的学习效果有着很大的影响。学习生活是千变万化的，它总是在引诱你去偷懒。制订学习计划，可以促使你按照计划实行任务，排除困难和干扰。

除了每学期的学习计划外，还需每周制订一个短期的学习计划。两者缺一不可，长远计划是明确学习目标和进行大致安排；而短期安排则是具体的行动计划。此外，制订学习计划，不要脱离学习实际，要符合自己现在的学习压力和水平。

TIP

※ 为自己制订一个科学的学习计划，可以让你的学习变得事半功倍。

反省其实也是一种学习能力，反省的过程就是学习的过程。如果能够不断自我反省，并努力寻求解决问题的方法，从中悟到失败的教训和不完美的根源，并全力作出纠正，这样就可以在反省中清醒、在反省中明辨是非、在反省中变得睿智。

生活随时随地都是我们学习的机会，孔子说：“观过而知仁。”意思就是在日常生活中看见人家犯错或者发现自己有过失，便作出深刻的反省，提醒自己不犯同样的错误，有这种学习能力才能成就真正的学问。

TIP ※ 犯错并不可怕，关键在于学会反省，第一次犯错可以理解，第二次犯错就不可饶恕了。

乱花钱是一种不好的习惯，现代社会中的每个人都应该具备理财的能力，如果只懂得怎么拿钱，而不知道怎么花钱、怎样去管理好自己的钱财，那样的花费只是挥霍。成功的男孩总会在每一周快要结束的时候，审视一下自己的开支——会花钱的男孩最成功。

每周给自己做一次财务总结，再给爸爸妈妈一份财务说明，可以让自己了解自己的零花钱到底花在了哪儿。

书法不仅是中华民族的文化瑰宝，而且在世界文化艺术宝库中独放异彩。作为音、形、义统一的汉字，积淀着华夏先民在天文、地理、自然、社会诸方面的哲理观念，是我们民族文化的象征、民族精神传承的载体，汉字书法练习能丰富我们的头脑，提高整体修养。不管怎么说，写得一手漂亮的字，都会给人留下好的印象。

TIP ※ 想要写好字，就得安下心来，就像大侠练功夫一样，每一天、每一周、每一年都得练习不辍。

周记有别于“流水账”日记。“流水账”日记是有什么就记录什么，不需要修饰和认识的升华，而且不限多少，可以记录你每一天的任何事情。而周记是每周一次，并且对自己的生活、学习、思想认识有一定的升华。周记是对个人和某个团体一周的所见、所闻、所思、所感、所惑、所获的记录，不仅是自我鞭策的“动力”，也是提高写作水平的“钥匙”。

TIP

※ 每周一次的周记，既是对自己一周以来学习的总结，也是自己对未来的构想和希望。

2500年前，古希腊哲学家苏格拉底曾感叹：“到哪里去寻找这样一个完人：既有优雅的天性，又有伟大的灵魂？”19世纪末，西方一度笼罩着“男性危机”的阴影。这一危机感促使法国的皮埃尔·德·顾拜旦发起现代奥林匹克运动，英国的罗伯特·巴登创建了童子军。在美国，它催生了一种崇尚力量的新式运动——美式足球，也将骑兵团出身的西奥多·罗斯福奉为英雄。

TIP

※ 男孩间的友情大多是在运动场上结成的，每个周末不要忘了喊上你的队友们！

我们生活在一个科技时代。作为一种力量，科技左右着社会、经济的发展，渗透到每个人的生活中，甚至决定着人类的未来。有针对性地学习科普知识，对开拓你的视野、提高认知水平、丰富想象力、启迪智慧会有很大的帮助。特别值得一提的是，科普知识在中考和高考的试题中所占分量越来越重，因此加强科普知识学习也越来越重要。

TIP

※ 引用著名的科学传播公益团体——科学松鼠会的话来说，就是“让我们剥开科学的坚果吧”！

怎样让每个月都有收获

古诗说得好："问渠哪得清如许，为有源头活水来。"我们的大脑需要随时补充新鲜的知识，而这些新鲜知识有很大一部分是来自读书，每月看一本有益的课外书，能陶冶我们的情操，开阔我们的视野，使思维不僵硬、心灵不贫乏。它能把我们由琐碎杂乱的现实生活中提升到一个较为超然的境界，使我们遇事时能以局外人的眼光客观看待，让我们不去计较那些日常生活中的烦忧和悲伤。

TIP

※ 每一个月读一本好书，会让你受益匪浅！

每月看一部电影吧！电影会带给我们无限的乐趣：科幻片会挑战我们的想象，让我们勇于对未来幻想；战争片会激起我们的愤怒，让我们更加渴望和平；灾难片为我们敲响警钟，让我更加注意环保……当我们融入电影中的情节并且适时去思考电影带给我们的启发时，我们会惊喜地发现：每月看一部电影，真的是一件享受的事情。

TIP

※ 电影里往往有很多知识是课本里无法学到的，看电影真的是一种享受。

不同的阅历、不同的观念造成了我们与父母交流的障碍，而相互理解并且和父母谈心则是扫除这一障碍的最佳方式。作为子女，应该学会与父母沟通，主动把自己的观点、思想告诉父母，求得他们的理解；平时对父母多关心，多体贴，久而久之，便会做到与父母无话不说、无话不谈了。每月和父母谈一次心，渐渐地，你会体会到意想不到的惊喜和幸福。

TIP

※ 老爸老妈总是有喋喋不休的话要说，如果你是住校生……好吧，每月主动和他们谈一谈，在我们自己的主场上，说不定真的会有意想不到的收获。

一个懂得生活的人往往是热爱大自然的。不必援引沉重的数据，无须借用夸张的修辞，只要轻轻一抬头，你会发现，也许那份离我们远去的悠闲，与自然并无多大的距离：原始、野性、生机蕴藉其中，使之散发着迷人的魅力。不要把心关在屋里，让窗外射进一缕缕柔和的阳光，或者，请试着从你的房子里走出来吧！当你徜徉在有山、有水、有绿意的地方，那儿酝酿着生命的味道，你会领悟到书本之外的哲理；亲近大自然，你会明白一个道理：千万人挤在一起不是好风景，千万棵树凑在一起，却越发惹人喜爱。

TIP

※ 总是窝在房间里面可不是男子汉本色，走出去看看天、踏踏青吧！

口腔和牙齿是细菌侵入人体的主要门户之一，而牙刷又天天接触牙齿和口腔的很多角落，难免会有不少病菌在牙刷缝隙中隐藏。并且牙刷上经常或多或少遗留有牙膏，口腔里的食物残渣、细菌就会随之进入牙刷。再加之牙具长期放置于较潮湿的卫生间内，牙膏

中又含有一定的蔗糖，这些也为细菌的生长和繁殖提供了良好的条件。所以，为防止牙刷上细菌对人体的危害，一般来说最好一个月更换一次。一些特殊情况下，也需要考虑及时更换牙刷，如感冒痊愈后。在感冒期间，牙刷上会因为刷牙后存留有许多与感冒相关的病毒、细菌等，所以应抛弃旧牙刷以减少再次感冒的可能性。

TIP ※ 生活中还有很多这样的细节是我们所不知道的。

你多久会洗一次枕巾、床单和被套？

如果答案是一个月以上，那你的床上可能就布满了看不见的尘埃和细菌，久而久之，就会有过敏性疾病的发生。一般人一天至少花7～8小时在睡眠上，每晚会排出200ml的汗液，为被褥上的各种细菌繁殖提供温床。通常来说，人的枕巾、床单和被套上都沾有各种细菌、病毒、真菌、原虫包囊等，如果不及时清除这些病菌，必将传播各种疾病，危害人体健康。为了身体健康，每月清洗一次枕巾、床单和被套，可千万别怕麻烦。

TIP ※ 每个月都要记得换洗枕巾、床单和被套，这会让我们的健康得到保证。

男孩的“游戏”一箩筐

男孩和女孩最大的不同，就在于男孩拥有千奇百怪的趣味游戏。想要把男孩的这些游戏一件件地列举出来，那可不是一件容易事。不过，你可以通过下面的简单介绍，它了解一些有趣的游戏，说不定你也会喜欢上他们的。

怎样把风筝放得更高

古时候，人们会在初春的时候到户外踏青，把自己亲手制作的带有吉祥图案和殷切寄托的风筝放飞，就像对上天倾诉自己的愿望一样。不管河水是否解冻、花朵是否绽放，只要看到天空中的风筝，古人们就认为春天来了。因此，风筝还有一个好听的名字——报春花。

对于每个男孩来说，放风筝并不是一件陌生的事情，这项要用手腕、手肘、手臂、肩膀、腰、腿、足等各个部位的运动，可以很好地锻炼你的身体。

不过，要想把风筝放得更高可是有技巧的：

◎选择平坦而开阔的地方放风筝，那里的风速和风向都比较稳定。放风筝前要先知道风的方向和速度强弱，如果附近有旗帜或吹烟，看它飘浮的方向就能知道。否则拾起枯草或一些小纸片向空中抛去，也可以测出风的正确方向。

◎如果风速低于风筝飞行需要的风速，选择下风处起飞，风力较强的时候，则可以选择上风处起飞。

◎跑的时候一手拿着线，一手拿着轮。要侧着身子跑，不时向后看风筝的情况。跑的速度决定于风筝上升的情况和手上风筝线拉力的大小。风筝上升慢，线的拉力小时，应该加快你的速度；风筝上升快，线上的拉力大的时候，则要放慢脚步。如果风筝有从空中跌下来的样子时，一定要马上松线、停跑，等风筝恢复过来以后再上升。

◎当风筝上升的时候，要适当控制放线的速度。放线太快，风筝上不去，放线太慢，风筝飞不高，要控制在风筝能稳定上升的速度放线，达到使风筝爬高的目的。

◎若一次放好几个风筝时，必须考虑风筝与提线的联结方式。

◎风筝下沉的时候，拿着风筝线轻轻往上提；风筝倾斜的时候，举手过肩，引线向后，让风筝受风力上升；风筝向左边倾斜，就持线向左，让风筝左边多受力，以便左右平衡；同样，风筝向右边倾斜，就持线向右。

◎如果风筝飞翔稳定时，可把风筝系在树干或物体上，任其飘浮，而在风向及风力不稳定的情况下，则必须随手操纵，当风力突然转强，风筝摇摆而倾斜度过大时，将有翻转栽落的危险，这时有两种控制方法：一是迅速放线；二是迅速往风筝方向，向前奔跑数步，均可缓和其势。有时风力停顿，风筝向下坠落，将风筝轻抖数下或迅速向后奔跑，如果后退无路，则可用迅速收线的方法处理。

◎ 如遇两只风筝线纠结在一起时，不要惊慌，立刻向那只风筝的主人靠近，互相交换调整，使线松开即可。

◎ 收回风筝时，要慢慢收线，收线要尽量远离有高大树木的地方，以免风筝坠落挂在树上。

那些让你着迷的智力游戏

智力游戏界有三大“不可思议”的游戏，分别是中国人发明的“华容道”、匈牙利人发明的魔方和法国人发明的“独立钻石”。让我们先来看一看魔方吧。

魔方的种类较多，平常说的都是最常见的三阶立方体魔方。其实，也有二阶、四阶、五阶等各种立方体魔方。另外，还有其他的多面体魔方，面也可以是其他多边形，如五边形十二面体的五魔方，简称五魔。

三阶魔方只有26个小方块，它的变化可真是不少。打个比方吧，就算你一秒可以转3下魔方，不计重复，你也需要转4542亿年，才可以转出魔方所有的变化，这个数字是目前估算宇宙年龄的大约30倍，这可是十分惊人的！

为了让大家更容易理解魔方的原理，我们来介绍一下魔方基本术语。

首先是“阶”，阶数是指魔方每个边所具有的块数，比如三阶魔方每个边就有3个小块。

其次是“复原”，顾名思义，复原就是指魔方从非原始状态到原始状态的过程。

然后是“POP（飞棱）”，POP指在复原中魔方的某些组成部分从魔方上面脱离的情况，如果是出现在比赛中作为无效的复原过程。

最后是“DNF（弃权）”，即“Did Not Finish”，当你感觉无法在自己满意的时间内完成魔方时可以弃权，在比赛中可以有一次DNF。

接下来是魔方的玩法，普遍认为经过50步无规则打乱后，三阶魔方就能达到最大状态，此情况下恢复原状需要23步。目前的世界纪录是26步还原，耗时2个半小时。

盲拧，就是不用眼睛观看魔方（可以记忆，不过记忆魔方的时间也算在总时间内）进行复原的过程。盲拧可以说是每个魔方玩家的梦想。盲拧这种玩法对一个人的记忆力和空间想象力有极大的考验，目前的世界纪录为54.06秒。

单拧即单手转动魔方进行复原，对手指的灵活程度要求很高。因为没有另外一只手的帮助，魔方难以保持平衡，尤其是在高速转动的过程中。

还有脚拧，虽然听起来有些不可思议，但是确定有人用脚来复原魔方。目前没有这一项的世界纪录，有记载的最好成绩为2分半钟。

另外，有些人不喜欢竞速或者最少步骤还原的玩法，而钟情于创造美丽的图案。事实上这也是相当有难度的，因为要预测每一块的移动并不是很简单。

介绍完了魔方，我们再来看一看华容道。

华容道游戏取自著名的三国故事，曹操在赤壁大战中被刘备和孙权的“苦肉计”“火烧连营”打败，被迫退逃到华容道，又遇上诸葛亮的伏兵，关羽为了报答曹操对他的恩情，明逼实让，终于帮助曹操逃出了华容道。游戏就是依照这一故事情节，通过移动各个棋子，帮助曹操从初始位置移到棋盘最下方中部，从出口逃走。

“华容道”有一个带20个小方格的棋盘，代表华容道。棋盘下方有一个两方格边长的出口，是供曹操逃走的。棋盘上共摆有10个大小不一样的棋子，它们分别代表曹操、张飞、赵云、马超、黄忠、关羽和四个卒。移动时不允许跨越棋子，还要设法用最少的步数把曹操移到出口。

“华容道”有几十种布阵方法，如“横刀立马”“近在咫尺”“过五关”“水泄不通”“小燕出巢”等玩法。这个玩具引起过许多人的兴趣，大家都力图把移动的步数减到最少。现在的研究发现，完成这个游戏最少也需要81步，如果你想挑战这个纪录，不妨亲自来试一试吧！

最后要介绍的是法国人发明的“独立钻石”。

这个游戏的棋盘有多种式样，不过最流行的式样是一个圆形的板。板上有三行平行的小孔，和另外三行平行的小孔，相交织成十字形。每行的孔数有7个，故此一共有33个小孔。而棋子一般是一些木粒子或玻璃弹子。

玩法是在棋盘33孔中，每孔都放下一棋，但是中心的一孔是空着的。玩的时候是像跳棋一样行子。一棋子依直线在平行或垂直（不能依斜线）的方向跳过一棋子，而放在此棋子之后的一个空格内。故此，棋子后必要有空的孔才可跳过。每次棋子跳去一个空孔，被跳过的棋便移离棋盘，这时棋盘上便少了一只棋子。如此一直玩下去，使剩下来的棋子越少越好。如果最后剩一子，而且正好位于棋盘正中心的第44号洞孔上，那就是最好的结果。此种局势称为“独立（粒）钻石”。

西方人评判优略等级如下：

剩5颗棋子——不错

剩4颗棋子——更好

剩3颗棋子——聪明

剩2颗棋子——高手

剩1颗棋子——大师

如果最后只剩下一颗棋子，且是在正中心，那你就是一个天才了。

看完了这些游戏，你会不会觉得意犹未尽呢？好吧，我再向你介绍一种数学智力拼图游戏——数独。

数独是一种源自18世纪末的瑞士，后在美国发展、并在日本得以发扬光大的数学智力拼图游戏。拼图是九宫格（即3格宽×3格高）的正方形状，每一格又细分为一个九宫格。在每一个小九宫格中，分别填上1至9的数字，让整个大九宫格每一列、每一行的数字都不重复。

数独的基础是数字魔方，它的解也一定是数字魔方。制作一个数独，便是使用一个一般的数字魔方，盖住部分数字，成为一个拥有唯一解的数独。

数独的故事始于1783年，瑞士数学家莱昂哈德·欧拉设计了“拉丁方阵”——在这种网格中，每个数字或符号在每行或每列只出现一次。在19世纪90年代法国的一些日报上，人们能看到早期的类似数独的智力游戏。它们也以网格为基础，但用的都是两位数，且没有现代数独中3×3的小九宫格设计。

20世纪70年代末，纽约曼哈顿的《戴尔智力游戏杂志》意识到，数独可能会成为一种流行的游戏。这家杂志从1931年起就一直在设计纵横字谜和其他智力游戏。1980年加入该杂志社的主编阿比·泰勒表示：“没有人确切知道它的开始时间或设计者，但是我在我们杂志中找到的最早版本是1979年的。我们称这种智力题为‘数字拼图’，并将这个名字沿用至今。”

不过，数独并没有一夜成名。5年后，日本益智游戏出版公司Nikoli将“数字拼图”引入其杂志，称之为“Suuji wa dokushin ni kagiru”，意思是“数字只能出现一次”。幸运的是，他们很快决定将名字简化为短小精悍的“Sudoku”。（“Su”的意思是“数字”；“doku”的意思是“单个”。）

数独在日本逐渐赢得了人气，不过它在全世界范围的突然盛行却是25年以后的事情了。数独全球性的风靡要归功于一位来自新西兰马塔马塔的人。1997年3月的一天，移居香港的法官韦恩·古德正在东京购物。在等待一家商店开门时，他进了家书店随意翻看。“我一看到那个网格上有好多空格，就特别想把它们填上。在此后的6年里，我开发了一款能即时编出数独题的电脑软件。”

古德先在当地报纸《康维日报》发表了其中的一道数独题，取得了小小的成功；后来又把它刊登在了大报纸《泰晤士报》上，结果大获成功。数独在英国一炮打响，并慢慢地开始在世界各地流行。各国报纸竞相在头版宣传数独游戏，数独网站则加速了数独的盛行，电视台和广播电台也开始关注这一全球游戏新宠。到2005年，数独风暴盛极一时。从那时起，数独成了一种文化现象：数以千计的不同数独题在世界各地涌现，数独游戏表演上了电视，人们甚至还组织了数独世界锦标赛。

几乎每个数独都可用两种基本解法来解。

第一种是通过排除一个数字出现在某一行、某一列或某一个小九宫格的9个格子中8个格子的可能性。如果你能排除8个格子出现该数字的可能性，那么你在找的数字肯定在第9格中。

一起来看看这个数独。我们将通过排除数字1出现在顶行8个格子的可能性来确定1在顶行应该出现的位置。你可以看到，4个格子因为已经填有数字可以被马上排除。第二个小九宫格中的每格都可以被排除，因为那个小九宫格中已经含有一个1。第三个小九宫格中顶行只有一个空格，不过这个位置也可以被排除，因为那列已经含有一个1。所以，唯一剩下的格子就是第一行中的1应该出现的地方。

另一种填空的方法是排除一个空格填入所有其他数字的可能性。我们将通过拼图左下角的空格来演示这一技巧。首先，看看左下角小九宫格的其他数字，我们知道空格内不能是1、3、6或8。现在我们看看包含该空格的这一列。因为这一列中已经有了2和4，所以我们可以排除它们填入左下角空格的可能性。最后，看看底行。在这一行，我们发现了7和9。这意味着唯一可以填入左下角空格的数字是5。

既然你知道了数独的唯一规则和两种基本的填空方法，你就可以开始玩数独游戏啦。但是要记住，你永远都不能用从一边开始依次推进的方法来解数独。你应该全盘开花，先填那些能填的空格。

你填好的空格越多，解决剩余空格的线索就越多。如果你填满了所有空格，而且没有违反数独的唯一性规则，那你就大功告成啦！

这里还需要提到的是，早在数千年前，我们的祖先就已经发明了这个游戏，还为它起了个好听的名字——“洛书”，后来《易经》称之为“洛书九宫图”。但是古人的玩法更加复杂，因为它要求纵向、横向、斜向上的3个数字之和都一样，而不是简单的9个数字不能重复。在金庸的小说《射雕英雄传》中黄蓉曾使用过这样的口诀破解九宫格：“戴九履一，左三右七，二四为肩，六八为足。”

作为一个伟大的文明古国，我们的祖先曾经发明过许多让世界为之惊叹的智力玩具，如九连环、七巧板、华容道、鲁班锁等，这些看似简单的游戏，其实涉及了数学中的几何学、拓扑学、运筹学等多门学科。作为一个聪明而好动的男孩，相信你一定会对它们感兴趣的。

一些简单易学的小魔术

你喜欢魔术吗？比如让硬币消失，从帽子里掏出鸽子，或是穿过某个不可能穿过的物体，等等。历史上最早的魔术记录出现在距今4000年前的古埃及。在1823年发现的威斯卡手稿中，记载了一位名叫德迪的魔术师的魔术。这位魔术师受命为法老王表演魔术，他能将鹅的头砍下，而断了头的鹅依然能够走动，最后再把头接回去恢复成原本的鹅。记录中，这名魔术师对鹈鹕和公牛进行了相同的戏法。但法老要求他对犯人实行这个魔法时，他拒绝了。凡是看上去不可思议的事，都可称之为魔术。表演者下工夫去学习，然后让人们去观看这种不可思议的表演效果，就是表演魔术。

“魔术”这个词本身就包含了一段吸引人的故事呢。相传在2500年前，古波斯的教士第一次访问希腊时，一位古波斯预言家施展了占星术和其他密术，希腊人便杜撰了“魔术”这个词来形容古波斯教士的神秘。而古罗马人则运用拉丁语将这个词的意义加以扩大，使其具有“魔术”艺术的含义。所以，“魔术”这个词是指那些神秘的做法，如念咒召唤神灵或预示未来，也指专业魔术演员的表演。

每一个成功的魔术师都有个共同的秘密，那就是不断地练习。很多男孩都很喜欢偶像级魔术师刘谦，这个眼睛亮晶晶的、嘴角常常挂着一丝坏笑的年轻人，今天可以说是风光无限。不过，“台上一分钟，台下十年功”，就算是刘谦，他也有过坎坷的成长经历，曾在街头卖艺3年才获得了成功。当你全身心地投入一件事情的时候，即使是最蹩脚的人也能够成为一名娴熟的魔术师。

刘谦在表演魔术的时候有一句经典台词：各位，接下来，就是见证奇迹的时刻！下面我们就来了解一些有趣的小魔术吧！

硬币消失

表演这个魔术的技巧是硬币类魔术节目的基础，只有熟练掌握了这门技巧，你才能更好地表演其他的硬币魔术。

首先，拿出一枚硬币放在左手指尖上面。接着右手轻轻地从左手取走硬币，你可以对右手吹口气。轻轻揉一下后，再张开你的右手，硬币竟然无影无踪。其实，要让硬币消失，办法很简单。

当你伸出你的左手时，你的手背应该始终面向观众。用大拇指和食指的边缘横捏住这枚硬币。现在伸出你的右手，右手的拇指应该在下，其余手指在上，从后侧伸入左手，做出要把硬币抓到手中的动作。这个动作的要点在于，你右手的手指覆盖住整枚硬币，把它紧紧地包裹起来，不让观众看到。右手原地不动的同时，左手尽量放松，左手的拇指松开硬币，使其悄悄落入左手指根部。紧接着，右手提成拳头状，假装已经从左手中拿到了那枚硬币。

接下来，在向右侧转动身体的同时，把两只手翻转过来。只要向内侧也就是朝着身体一侧转动左手，观众就无法看见手中的硬币。与此同时，转动右手使合拢起来的手指对着观众。转动双手的同时，还可以用左手食指指向右手。在这个过程中，你的眼睛要始终看着右手，摆出一副手中紧握硬币的样子。

向外侧挪开右手时，把左手随意落于体侧，用弯曲的手指握住那枚硬币。您的眼睛要自始至终盯着右手这就叫做干扰观众视线。现在，你可以开始用右手指做出缓慢摩擦动作，好像是要把那枚硬币完全磨掉似的。其实，你的手心里什么都没有，早已经是空空如也了。

硬币增值

张开双手，向大家展示一枚普通的五角硬币，然后用手搓一下。神奇的事情发生了，这枚小小的五角硬币变成了一元的硬币，再一掰开，变成了两个一元币了。把硬币放在手心，只见到两个一元硬币，五角的消失了。

其实，这两个一元的硬币是你早就已经准备好了的。你把它们叠加在一起，用右手拇指和食指的第一指节横向水平拿住，在一元币前面再垂直的放一个五角币挡住，这样，从侧面看，就像一个横向的“T”。从正面看是无法看到的，因为前面的五角会挡住观众的视线，藏住后面的两个一元币。

现在，你需要用左手的拇指把五角硬币轻轻推到一元币的后面，同时垂直立起一元币。观众将看到一个一元硬币，因为五角硬币正稳稳地藏在一元硬币的后面。此时，你再用左手分开两个叠加在一起的一元硬币，各用拇指和食指拿住（其余四指要保持张开）。

背后有五角币的一元在左手上，右手拿着没问题的一元币，这时候可以把右手的硬币抛丢几次，这样既可以向大家展示，也可以分散大家的注意。再顺手把左手的一元币放在右手的手心上要用一元的盖住那枚五角的硬币，一元和五角要放平盖，因为手心是凹的，所以一元币不会翘起来。这样观众可以看到左手上有完全的两个一元硬币，右手拿起没问题的一元交给观众检查，左手顺手把左手心的两个放回口袋中。

地心引力消失

取出一盒火柴，可以打开让你的朋友们看到火柴盒里的火柴。然后在桌子上面划定一个区域，告诉你的朋友，你将要让这个区域内的引力消失。将那盒火柴正面朝下，并把里面的半个火柴盒抽出来。火柴居然稳稳地不动。接下来，把火柴盒移到其他的地方，里面的火柴全部脱落了。

这个魔术将要用到一个小小的道具，那就是将火柴盒里的一根火柴，把它截短一点，截成相当于火柴盒宽度那样就可以了。然后，将这根短的火柴横放在火柴盒中，使它挡住其他的火柴使它们掉不下来。注意，火柴盒里的火柴不能装得太多。

准备工作做完后，你先把里面的火柴露出来给别人看看，但不要露出那根横放的火柴，然后你在桌子上划一个区域，说我要让这个地方的地心引力消失，把大家的注意力吸引到这块区域上。因为有道具火柴挡住，盒子里的火柴自然不会掉下来，但你慢慢地把火柴移到别的区域，这时你只要轻轻地捏一下火柴盒的前后两个宽，火柴就自然脱落了。

操控傀儡术

这是一个很有意思的小魔术，就像动漫里的傀儡师一样，帅气极了。

你可以告诉自己的朋友，你能够施展一种操控傀儡术，让火柴盒听从你的命令。在你开始你的魔术之前，把空火柴盒放在你的右手上，念动你的咒语。请开展你的想象吧，你所要做的只是让你的观众感到有趣就可以了。现在挥动你的左手，以此来分散观众们的注意力。然后，火柴真的会像接到了命令一样自己站立起来，随着你的手指忽上忽下。

其实，秘密就在那个火柴盒里，当你打开火柴盒的时候，开口是朝着下方的，你要做的就是把它放在手指的指节上，保持你的右手处于水平位置。关紧火柴盒，让它夹住你指节上的肉，并把肉挤进盒里。当你把手攥成拳头的时候，火柴盒自然而然地会立起来。

怎么找都能找到你

拿出几张扑克牌，请你的朋友从中抽出一张来，并告诉对方无论这张牌是什么，你都能将它找出来。接下来，把这张单牌放回原来的扑克牌中，反复抽洗后迅速从中找出那张被朋友选定的牌。

其实，这个魔术的秘密就在于做好先前工作，你拿出的扑克牌其实是有特殊标志的。只要仔细观察就会发现，你拿出来的花色中很少会有“A”或者“J”“Q”“K”，所有的花色都是“头”朝上的！当你从朋友那里接到那张扑克牌的时候，只要偷偷地将它反过来，并且注意洗牌时不把牌打乱，自然就能非常简单地找出朋友选的那张啦！

怎样成为一个魔术师

保持用眼神交流。当一个人说谎的时候，他通常不敢看你的眼睛，并会显得紧张不安。一个好的魔术师会用眼神与人交流，而且看上去十分放松。

让观众看不到变化。魔术师能利用我们有时无法注意到周围环境的剧烈变化的弱点。

控制视线。用红外光照射人的眼睛来追踪人的视线就能了解人们实际上看向何处。如果成功的话，魔术师就能控制人们的视线了。

显现超凡权威的魅力。如果魔术师表现出确实可信的样子，观众的疑虑就可能被打消。当观众心情放松下来时，他们的注意力就更容易被操控。

表演流畅自然。在消失的硬币的魔术中，当硬币显然消失的时候，魔术师必须看上去真的很吃惊，以此来减少观众的怀疑。因此，魔术师必须是一个好演员。

架子鼓的那些故事

在成为架子鼓高手之前，我们先来回顾一下架子鼓的起源。

1571年，第一批黑人被运到了当时的西班牙人殖民地美洲，从此上百万的黑人奴隶被不断地卖到美洲，黑人奴隶的到来不但带来了他们的劳动力，而且为美洲带来了新的音乐文化——源于非洲的音乐与舞蹈。

对于非洲的土著黑人来说，他们的舞蹈和音乐也是他们语言的一部分，通过音乐来表达他们的各种感情，特别是在一些重要仪式上，比如婚礼、葬礼、节日庆典等重要时刻，人们总是聚在部落或村庄载歌载舞，而这其中重要的乐器就是鼓。

鼓是非洲居民的传统乐器，起源于西非，人们在演奏时将鼓吊在脖子上，而且是几个人（至少两个人，甚至7个或8个人）一起演奏，讲究的是演奏过程中的配合，而且这种鼓乐有上千种节奏。这种木鼓不但是非洲居民的娱乐工具、乐器以及非洲文化的产物，而且还是他们联系和报警的工具，是他们的一种语言。

直到19世纪初，在美洲的黑人奴隶仍然保持着他们的这种传统，尤其是在当时受到西班牙和法国影响的城市，比如路易斯安那州、密西西比的首府新奥尔良。

但是在1861年以后，在美国南北战争期间，由于美国南方庄园里的主要劳动力为黑人奴隶，所以南方的奴隶主害怕黑人通过这种鼓乐的语言来进行谋反的策划，因此他们禁止黑人奴隶再使用他们的传统音乐和乐器——鼓，而这一举动恰恰促成了现代音乐的诞生。

当黑人再想通过音乐来表达他们的感情的时候，他们不得不采用白人的乐器，演奏白人的旋律。这一举动可以视作是黑人音乐天赋的具体表现，黑人不仅仅是在演绎白人的音乐，而是将他们的音乐用美洲音乐风格演绎出来。 由此于19世纪末诞生了黑白结合的爵士乐。也正是因为爵士乐的诞生，才使打击乐器在乐队或乐团演奏中的地位得以提升。

长期以来，在出现爵士乐之前的白人世界中，打击乐器在乐团中仅仅是一种附属乐器。人们无论在演奏何种音乐时（比如古典音乐、浪漫派音乐等）打击乐器只在背景配乐中使用。而旋律的演奏（Solo）是属于铜管乐器、旋乐和键盘乐器等其他乐器的。

但是在爵士乐中，打击乐器（架子鼓）第一次取得了和其他乐器同等的地位，终于也可以被用来演奏鼓旋律，通过独奏来表现某一段音乐或是鼓手的个人思想。

从20世纪50年代开始，出现了摇滚乐队，打击乐器（架子鼓）的地位再一次提升 。直到今天，摇滚乐队中都不可能缺少鼓手，有的甚至还要有一位打击乐手 。

但是，现今打击乐器（架子鼓）又一次将自身限定在“为主要的声音伴奏”的范围内，只不过不再是一百多年前的简单配乐，它体现的是和乐队中的吉他、键盘、贝司以及主唱的配合，是乐队中的节奏乐器，固定了音乐的速度、动力和乐曲的结构，人们可以这样说：鼓手是乐队的指挥 。

鼓槌拿法的小窍门

把左手伸出放平，在虎口的位置把鼓槌垂直夹住（三分之一的地方）然后向内反转，然后拇指和食指自然弯曲，把拇指搭在食指的第二个关节上，再把小指和无名指放在鼓槌的下面（注意：要很轻），右手用拇指和食指轻轻地夹住（只在军鼓上，爵士鼓用小指）。

吹口哨的不同方法

“口哨”的哨字由“口”和“肖”组成。“肖”通“萧”。萧是一种管乐器，古代用许多竹管排在一起做成，现代一般用一根竹管做成，直接吹就能发出声音“口”与“萧”结合，是指用口直接吹就能发出声音，这就是“哨”。

什么是口哨呢？简单地说，口哨就是从人们嘴里直接发出来的一种声音。最早的口哨，是人类在呼吸过程中发现的。这里主要是人类在睡眠的时候，有时利用口来代替鼻孔呼吸。而在呼吸过程中，特别是劳动了一天的人们因过度疲劳，在休息和睡眠时，难免出现类似“打呼噜”一类的声音，其中有一种从口中发出的一种比较细小的类似现在的口哨的声音，就是原始的口哨。后来，人们感觉这个声音比较奇特而动听所以就开始模仿。这时，人们才开始主动去模仿、去吹奏。在这个时候，口哨就正式诞生了。

那么，怎样才能吹出响亮而好听的口哨声呢？

首先，要发出声音。吹不出声音时要多变化口型去寻找，一定会找到。

其次，要吹出调子。在吹出声音的基础上，口型不变但要多变换气流的快慢和大小去练习，舌头同时要练得灵活，达到运用自如。这样就能吹出不同调子的声音，如高与低、快与慢、缓与急，等等。

再次，先找自己熟悉的伴奏曲子来练习。

另外，要循序渐进、勇于探索、大胆实践。在掌握和巩固简单曲子的基础上，逐步加大难度。适当找一些难度较大的曲子来练习，并达到逐步熟悉和掌握。

练习口哨的时候，也许会遇到这样的一些问题，你可以通过下面的办法解决他们。

◎漏气。有的开始能吹出哨声，后来吹不出哨声（只有气流的声音）。练习的方法：一是双唇要湿润；二是舌头要发挥好作用，使之自然地抖动起来。

◎气短。有的在吹奏中连接不理想，觉得气不够用。练习的方法：一是深呼吸，多吸气；二是用气均匀，节约用气；三是可以适当链接；四是练习吹吸结合的方法。

◎高音。有的中低音能吹过去，高音上不去。练习的方法：一是缩小口型；二是舌尖向前涌动；三是气流要充足。要多摸索和寻找自己的高音部，一旦找到要反复加强练习，以使之掌握稳定、运用自如。

◎低音。有的中高音能上去，低音吹不出。练习的方法：一是双唇伸长；二是舌头悬空往后缩；三是送气要慢。低音的难度并不比高音小，所以要多多练习。

◎快吐。有的慢节奏的曲子可以，遇到快节奏的吹不出快节奏。练习的方法：一是喉咙快断法（犹如咳嗽中吹出哨声）；二是上膛快断法（利用舌头的根部在口的上膛将气流快速断开）；三是“吐苦”结合法（犹如吹“吐+苦”二字反复练习）；四是舌尖搏动法（舌头的中后部夹在上下齿之间不动，利用舌尖在上膛和上下齿之间部位搏动气流）；五是舌中波动法（舌尖顶住下齿，利用舌头的中部抖动，来比动气流）；六是手指敲唇法（吹奏口哨时，用三个手指像弹琴一样敲打上唇）。以后也许大家还会探索出其他方法。

◎连嘴。有的像唱歌一样吐字不清，只有起伏没有停顿。练习的方法：多听原唱、多看歌词，像唱歌一样，吐字清晰、明了。

◎跑调。有的音准把握不好，调子不合节拍或音调。练习的方法：多听原唱和伴奏。先给原唱轻轻的吹奏，掌握好以后再大胆的吹奏。

你知道该怎样上网吗

假如没有了互联网，我们该怎么生活呢？

对于大多数男孩来说，因特网已经成为了生活中不可缺少的一部分——网络上有数百万个可以访问的地址，那里有我们需要的功课资料和最新的信息资讯，另外它还可以与伙伴们保持联系，并研究出去逛的好去处。拥有这样一个好帮手，哪个男孩会舍得放弃呢？

我也是一个标准的网虫。在我看来，互联网就像一个无穷无尽的图书馆，通过这上面流通的信息，你甚至能够毫无障碍地从地球

的这一头走到那一头。比如我们所熟悉的QQ就是一种可以在网上与对方随时照面、随时联系的即时通讯软件。这只小企鹅只会变换那种简单的头像，在面板上重复着一闪一闪的招牌动作，可是它已经成为了我们生活中不可缺少的一部分。

当我们输入一串也许是5～11位的数字登录上线后，由任务栏上弹出的那只小企鹅变身而成的那个精巧的聊天面板，它能在有限的方寸间为我们演绎无限的可能。

它引导我们去享受形象秀、空间装扮、家园设计、逗宠、在线视听等各类网上情趣；

它开发了QQ幻想、QQ堂、QQ音速以及小游戏竞技等各大绿色网游平台；

它设立了拍拍购物、财付通等培养人们财商的入门级“课程”；

它创建了多种针对不同消费需求的红、蓝、黄、绿、粉、紫等各色钻石级VIP服务及会员专区；

甚至是它的短信超人、QQ千里眼等连接手机与网络的强大功能，都证明了它无时不在、无处不在的巨大影响力！

当然，除了向你提供数百万个可供浏览的网站和无数件可做的事情外，互联网也会提供很多浪费时间的方法，如果你照做的话，有时候甚至会惹上一些不必要的麻烦。下面就是一些利用QQ行骗的方式，你可得千万小心哦！

◎行骗伎俩1：假装QQ客户端自动弹出消息，冒充腾讯公司系统号码10000向用户发送虚假中奖信息，内容如下：

> TIP
>
> 恭喜您已被系统抽选为十周年当日腾讯幸运之星，您已获得由××公司送出的惊喜大奖！

◎行骗伎俩2：假冒系统消息诈骗，内容如下：

> TIP
>
> 尊敬的QQ用户，您好：恭喜！您的QQ已被抽取为本次活动幸运用户！您将获得奖金××××元人民币及××公司赞助笔记本电脑一部。

◎行骗伎俩3：假冒迷你首页诈骗，内容如下：

> TIP
>
> 庆典活动，恭喜您的QQ号码已中奖，您的中奖验证××××。

还曾听过一些男孩在QQ聊天时惹祸上身的事。因为互联网用户很容易保持匿名操作，所以在你登录QQ的时候，常常会引来一些陌生人，他们不仅对聊天有兴趣，有时甚至还会询问你的个人和家庭信息——而这些，都是不应该泄露的内容。

如果你向这些陌生人泄露了这些内容，最常见的情况是，你会发现你的电子邮箱里填满了令人眼花缭乱的邮件——这些人通过询问如家庭住址、电话号码和电子邮箱等个人信息，利用这些信息以广告的形式来浪费你的时间和空间。更有甚者，还会利用这些信息进行不法勾当或者不道德的事情。

你可以使用因特网研究学校的功课，找出你所在的地方附近有什么电影上映（也能知道人们对它评价如何），查看你想关心的学校的资料，你可以尝试在网上寻找一份工作或者是成为志愿者的机会。几乎你能想到的东西都拥有一个关于它的网站（甚至上千个），而且并不只限于网站——博客、视频和可下载的游戏正等着为你和其他用户、玩家穿针引线呢。

这一切也许会让你眼花缭乱、不知所以，但你一定要记住一件事儿，在冲浪的时候也要好好地保护自己，做个精明的冲浪者。

精明冲浪的第一条法则：尽可能保持匿名操作。

这意味着保持所有私人资料不外泄。以下是一些例子，永远都不要在因特网上透露这些私人资料（尤其是在QQ或者电子邮箱的个人资料里）：

◎你的全名

◎家庭住址

◎电话号码

◎身份证号码

◎各种密码

◎父母的名字

大多数可靠的人和公司从来不会要求人们在网上提供这类信息。如果有人这么做，这可能在向你表达一种危险信号，提醒你他们可能不怀好意。

在创建一个电子邮箱或者网名之前仔细想一想。你可以使用和你的姓名有关的成语或者词组，但是最好不要使用自己的真实姓名，也不要透露你的性别。在这里，我强烈建议你使用字母和数字二者组合的网名——我可不相信哪个人能够通过这样一个组合找出你的名字来。

在论坛或者贴吧聊天时，使用与你的网名不一样的昵称。这样，如果在聊天中感到不安，你就能退出聊天，而无须担心别人知道你的网名或者通过IP地址和电子邮件追踪到你。其实，我挺喜欢班级的贴吧和QQ群的，很多男孩都爱泡在上面和自己的同学唇枪舌剑一番，因为所有的聊天者都是现实中熟悉的人，只有他们或受邀者才能进入聊天。

如果你在网上结识了一位朋友，那该怎么办?

我觉得，网络友谊就应该限制在虚拟世界。并不是因为和网友见面会比其他类型的友谊具备多大的风险，而是因为当你无法看到对方或面对面谈话时，人们更容易进行伪装。一旦你和现实中的他接触了之后，也许你不会失望，但你肯定会丧失那种神秘感，因为任何人褪去了神秘的光环之后都只是一个普通人。而作为一个普通人，他肯定会有自己的缺点，与其这样，还不如将友谊限制在网络上呢!

如果在聊天室聊天时你感觉到不安或产生了莫名的危险感，要退出谈话，立即告诉父母或者其他大人，以便他们及时举报。

会给你带来不安的并不只是陌生人。网络欺凌，是指通过电子邮件、即时对话、站点、博客留言以及手机等电子方式，向收件人进行恐吓、嘲笑或张贴丑态照片、影片等行为欺负别人。这些信息有可能来自以前的朋友或者其他你认识的人。它们有时让人气愤不已，有时甚至让人产生恐惧。

如果你在网上收到这样的一些信息，最好的做法是忽略他们，而不是给予回复。“网霸”和其他恶霸一样，可能是怒气冲天或者心理失常的人——也许他们在等待别人的注意和回应。

幸运的是，大多数人从未遭受网络欺凌。但是如果你受到网络欺凌，而且忽视不理也不能将它赶走的话，从家长、学校辅导员或者其他值得信任的大人那里寻求帮助是一个好办法，特别是当网络欺凌包含威胁意味时（更应如此）。

虽然电子邮件相对私密，但是电脑黑客依然有办法获取你的邮件——或是将你添加到他们的垃圾邮件名单中。广告、骚扰或者攻击短信等垃圾邮件非常烦人，不过垃圾邮件拦截工具能保证你的邮箱畅通无阻。如果你的父母同意安装适龄的父母管理软件，很多服务供应商能够帮助你过滤掉不良电子邮件。

如果你无法辨认一个需要下载的文档或文件是谁发来的，直接删除不要打开，以免电脑中毒。每一台电脑都必须安装杀毒软件。你也可以购买软件来清除电脑上不必要的木马程序，这种程序会将电脑的状况发送出去。一些服务供应商也会提供一些软件，比如针对那些肆意弹出的广告的拦截工具，帮你避开以上这些以及其他在线滋扰。

假如你确实购买了防护软件，你就得持续更新，确保在新科技不断发展的今天它仍能继续工作。

上网是男孩生活中不可缺少的一件事，当你面对上面提到的问题时，请一定谨慎行事，好好运用常识，一切便尽在掌握中。

送给QQ族男生的贴心话

◎ 利用QQ多做点有意义的事情，不要只是聊天。

◎ 不要为了挂得一个太阳而长期在线，这样还可以减少被盗取QQ号码的风险。

◎ 碰到好友发过来的网址，要先问一下好友，确认是他发过来的才点击。

◎你可以建立一个班级群，把老师和同学们加进来一起讨论学习上的问题与方法。

◎盲目申请所有颜色的钻石级服务是不理智的消费行为，既浪费钱又浪费精力。

◎QQ空间适度装扮即可，应该多关注更多的内在。比如如何写出具思想性、可读性，为更多朋友喜欢的精彩日志。

◎在QQ游戏等公共网络平台里，不要随意生气，随意责怪人，不要将自己不好的情绪散播到网络中。

◎如果非要与陌生的QQ好友见面，请选择并坚持在白天的公共场所，同时记得邀请朋友陪伴你。

怎样"经营"你的博客

博客是一个非常棒的工具，因为你可以把你的想法展示给别人看。写博客，其实就是一个交流的过程。很多男孩容易将博客文章看做是由一些短评组成的回复。他们并不了解，能够写出并组织一篇好的博客文章并不代表结束，相反，贴出了文章只是一种沟通的开始，你的脑袋一直都在进行着思考。写博客的人之所以会写博客，是因为他们把这个行为看做一个旅程，每一篇文章，每一个回复，都是延续这个旅途的机会。

在这段旅程中，你的博客更像是你自己的一个工作室，在这里你可以学习自己发现和整理感兴趣的知识，这时你拥有了一个创造属于个人网络地方的机会，你也能从这种并不简单的创造中获得灵感和动力。

是的，你需要学会“经营”属于你自己的博客。当你刚开始接触博客的时候，你也许会把博客当成是一个笔记和日记的电子版。讨论如何“经营”对你来说，是颇具挑战的。因为你并不知道应该怎样去做这样一项让你觉得茫然而没有头绪的事情。你必须明确一件事情，博客不是为了写一篇文章，或者是用来应付你自己的作业，它是所有跟你有关的事情。创建博客并不需要你记录深思熟虑后的事情，博客里的每篇文章也不需要包含某个特定主题或明确且完整的观点。最主要的在于，博客是自由的，它是各种想法的碰撞。

那么，应该怎样经营你的博客呢？简单地说，分为三个步骤。

首先，你需要明确你的目标——任何一个园丁对待自己的花园的时候都会有一个目标，而你必须提醒自己“我期望通过博客获得什么”。这将是一个长期的目标。你需要仔细想一想，每一年结束的时候，自己的博客将展示些什么，你需要确立一个属于自己的目标。同时，一旦你开始写博客了，就得持续地往博客里增加内容。你可以问自己“我希望在那看见什么”“我希望我的来访者在看见我的博客时能想到什么”“我想要完成一些什么”，诸如此类的问题。

通常，你并不了解你所选择的题目。因此，你对经营博客的想法变成了一个关于学习的具体计划。“在网上你会去哪里找那些和你所选题目有关的资源呢？”我问他们，“你打算联系哪些人，向什么人学习呢？”这就是他们去创建自己的网络的开端。你需要思考，什么样的习惯对于完成自己的目标是必要的；你还需要问一下自己，要完成这个目标需要做些什么，是每日还是每周都要做，才能达成目标。

这些看似简单的目标，完成起来可一点都不容易。可以说，这是一个会让你一直体验紧张感的长期目标。你可以起草一份计划书，以保证自己的想法能够得到实施。

比如，你想要建立一个和环境有关的主题博客，你就可以简单地起草这样一份计划书：

我的博客计划书

我的目标

我想要告诉大家一些和环境有关的问题，比如全球变暖、白色污染、能源浪费等。我希望能够通过我的博客让大家认识到，我们可以做一些事情以保护我们的地球。我希望在整理这些资料的过程中，可以锻炼我的文笔，使我的文字更加顺畅，从而变成一位出色的作者。

我的承诺

每周我都会在自己的博客上面写下至少一篇和我主题有关的文

章，我也会坚持每天都检查一下自己的博客，尝试从更多网站上了解和环境有关的信息，并将它们整理收集起来。

我的做法

我尽可能地回复每一个提问和评论，我也会将我找到的那些链接公布在自己的博客里。我会尽量发布一些图片，尽我所能地阅读相关书籍，通过各种搜索引擎来寻找答案。

我希望能找到一些和我志同道合的朋友，我已经找到了一个和我有着同样感受的同学，我希望能够和他进行更多的讨论，我还找到了一些知名的网站，里面有很多有价值的信息。这些网站包括：

……

我还会通过图书馆来寻找更多的信息和知识，我对环境这一主题很有信心，我相信在年末的时候，能够通过自己的努力完成一份环境论文，并请我的老师和长辈们评判。

要知道，对于习惯于“完成今天的作业”这类短期目标的男生而言，这个任务可不轻松。因为，他们在考虑目标的同时，还要考虑细节——每天的工作和成果，以及这些内容的来源。你要找到合适的方式供自己思考和探索。如果你希望自己的博客开花结果，你就必须思考每天的工作以保证没有偏离目标。

图书在版编目(CIP)数据

中国男孩心理成长枕边书 / 沧浪编著. — 北京 : 中国妇女出版社,2011.5

ISBN 978-7-5127-0206-6

Ⅰ.①中… Ⅱ.①沧… Ⅲ.①男性-青少年心理学-通俗读物 Ⅳ.①B844.2-49

中国版本图书馆CIP数据核字(2011)第046135号

中国男孩心理成长枕边书

作　　者：沧　浪　编著
责任编辑：万立正
封面设计：樊　帆
插画绘制：樊　帆
责任印刷：王卫东
出版发行：中国妇女出版社
地　　址：北京东城区史家胡同甲24号　　邮政编码：100010
电　　话：(010) 65133160 (发行部)　　65133161 (邮购)
网　　址：www.womenbooks.com.cn
经　　销：各地新华书店
印　　刷：北京中科印刷有限公司
开　　本：170×240　1/16
印　　张：18.5
字　　数：230千字
版　　次：2011年9月第1版
印　　次：2015年6月第6次
书　　号：ISBN 978-7-5127-0206-6
定　　价：32.00元